INLINE GUIDE

BREMEN UND UMGEBUNG

15 ausgesuchte Routen für Fitness- + Recreation-Skater

INHALT

VORWORT — 5
ROLLE VORWÄRTS – MALLORCA AUF SKATES ERLEBEN — 8
TECHNIK / TRAINING — 12
AUSRÜSTUNG — 16
EINSTIEG / ÜBERSICHTSKARTE BREMEN — 34
15 INLINE-FITNESS-ROUTEN IN BREMEN — 36
SPEED-WEEKS — 66

1. Auflage April 1999

Herausgeber:	Pecher & Böckmann GmbH, Antonienallee 25, 45279 Essen, 0201/54433
Redaktion:	Volker Pecher, Uli Böckmann
Textredaktion:	Carola Böckmann
Gestaltung:	Volker Pecher
Produktion:	Herbert Menzel
Scouts:	Steffi Kramer, York Schäfer
Routengrafik:	Daniel Tangermann, Christoph Jäkel, Carola Böckmann
Anzeigen:	Alexandra Niedersteberg
Fotos:	ROCES / Montebelluna, Melanie Schwarzer & Jan Wäller / Dortmund
Copyright:	© Klartext Verlag, Essen 1999, alle Rechte vorbehalten

Alle Rechte, insbesondere das Recht der Vervielfältigung und Verbreitung sowie der Übersetzung, vorbehalten. Kein Teil des Werkes darf in irgendeiner Form ohne schriftliche Genehmigung der Herausgeber PECHER & BÖCKMANN GmbH reproduziert oder unter Verwendung elektronischer Systeme verarbeitet, vervielfältigt oder verbreitet werden.

HALLO SCHWARZFAHRER!

Der Rollschuh als Urvater des Inline-Skates war in seiner Blütezeit nicht nur ein vielversprechender Weg zur ersten Bänderdehnung schon weit vor der Pubertät, sondern flog spätestens nach dem vierzehnten Geburtstag in die Ecke.
Auf Inlinern hingegen kann man in diesem Alter vielleicht schon seinen ersten Profi-Vertrag unterschreiben.

Das robuste Kinder-Spielzeug früherer Tage hat sich zu einem Sportgerät mit hoher Performance entwickelt. Und ist doch bis heute ein Spielzeug geblieben – zumindest vor dem Gesetz. Vielleicht deshalb, weil sehr hohe Geschwindigkeiten recht spielerisch erreicht werden, vielleicht aber auch, weil Fitness-SkaterInnen im Durchschnitt zwischen 20 und 40 Jahre alt sind – Gründe genug jedenfalls, High-Tech-Skates verkehrsrechtlich auf die gleiche Stufe mit Bobby-Cars zu stellen und ihnen beispielsweise die Nutzung von Radwegen zu untersagen.

Man geht davon aus, daß 1999 bereits rund zehn Millionen verspielte Deutsche auf Inline-Skates unterwegs sind. Fragt sich nur wo? Auf landschaftlich schön gelegenen Parkplätzen, in langen Kellerfluren oder auf stillgelegten Kegelbahnen? Welche Möglichkeiten bietet die Kanalisation? Eine Idee muß her, wie die verkehrsrechtliche Zukunft von Millionen SkaterInnen aussehen soll, denn die gegenwärtige Situation ist unangemessen.

Rein rechtlich sind Inline-Skater als eine Art Fußgänger eingeordnet und dürfen nur auf ausgewiesenen Fußwegen, also Bürgersteigen und Fußgängerzonen fahren. Juristisch sind damit alle Geschwindigkeiten jenseits von 7 km/h (Fußgänger-Höchsttempo!) bereits zu schnell! Ein eigenes Wegenetz ist weder finanzierbar noch gewünscht, niemand wird ernsthaft die Landschaft mit noch mehr Asphalt zuplätten wollen. Straßen und Bürgersteige können jedoch bestenfalls eine Notlösung darstellen.

Wir haben in diesem Guide bei einigen wenigen Routen auch Teilstücke auf Wegen eingebaut, die eigentlich für Skater nicht freigegeben sind. Wer diese Routen skatet, wird zum Schwarzfahrer, nur damit das klar ist. Wir wünschen Euch dennoch mindestens hunderte sturzfreie Kilometer und möglichst viele nette Begegnungen unterwegs.

Und niemals vergessen: Early and late is the best time to skate!

Bekanntmachung!*

1. Trage immer die vollständige Schutzausrüstung (Helm, Handgelenk-, Ellenbogen-, Knieschoner, Brille und Klingel).

2. Lerne schnell, sicher und immer rechtzeitig zu bremsen.

3. Verliere nie die Aufmerksamkeit und sei anderen gegenüber immer achtsam und zuvorkommend.

4. Skate immer vorausschauend und riskiere niemals, die Kontrolle zu verlieren.

5. Wo auch immer Du unterwegs bist: Fahre stets auf der rechten Seite.

6. Überhole Fußgänger, Radfahrer und andere Skater immer auf der linken Seite. Mache rechtzeitig durch klingeln oder rufen auf Dich aufmerksam.

7. Meide Plätze, Flächen oder Strecken mit starkem Fußgänger- und Radverkehr.

8. Lasse im Zweifelsfall immer Fußgängern und Radfahrern den Vorrang.

9. Fahre nicht auf Radwegen oder öffentlichen Straßen.

10. Reduziere beim Fahren auf dem Bürgersteig immer die Geschwindigkeit und sei stets bremsbereit. Skate gerade dort besonders vorausschauend, denn Fußgänger haben auf jeden Fall immer Vorrang!

11. Meide nasse, ölige, sandige und staubige Wege sowie Unebenheiten und Schotter.

12. Die wichtigste Regel von allen: Verliere niemals die Lust, anderen ein Vorbild zu sein.

* Die wichtigsten Regeln des Deutschen Inline-Skate-Verbandes (D.I.V.)

AOK – Die Gesundheitskasse.
Die sind immer für mich da.

ROLLE VORWÄRTS!
MALLORCA AUF SKATES ERLEBEN – MIT  IM SUNCLUB PICAFORT

Mit diesem INLINE GUIDE für Mallorca und Ibiza macht TUI *Free*World es jedem sonnenhungrigen Touren- und Fitness-Skater möglich, die traumhaften Küsten und Landschaften der beiden Sonneninseln unter die Rollen zu nehmen. Doch TUI *Free*World sorgt vor Ort auch noch für das richtige Drumherum – und das nicht nur in Sachen Inline-Skating.

TUI *Free*World fand in dem italienischen Hersteller ROCES einen erfahrenen Partner in der Inline-Szene. Für viele professionelle Speed- und Street-Skater schon seit langem das Maß der Dinge, hat die Marke aus Montebelluna inzwischen auch bei vielen Touren-Skatern den Ruf des Besonderen.

ROCES bringt in die Partnerschaft mit TUI *Free*World jedoch nicht nur jede Menge Skate-Know how mit ein, sondern außerdem die Hardware. Für die Saison '99 wurden drei Clubs mit großen Kontingenten topaktueller Fitness-Skates ausgestattet: der Sunclub Picafort auf Mallorca, der Club Trendorado auf Fuerteventura und der Club Blue Sea auf der griechischen Insel Kos. Dort braucht man zukünftig also auch im Urlaub nicht auf's Skate-Vergnügen verzichten, denn die Nutzung der ROCES-Modelle „Moscow" und „Enduro", die TUI *Free*World-Inline-Kurse sowie die gemeinsamen Ausfahrten sind für alle Gäste bereits im Reisepreis enthalten.

Einen weiteren erfahrenen Partner fand TUI *Free*World mit dem DRIVe. Zuständig für die sportlichen Belange der Inline-Skater in Deutschland, kümmert sich der DRIVe als offizieller Verband nicht nur um Wettkampfregeln, Meisterschaften und Ausbildung, sondern sorgt auch in der Partnerschaft mit TUI *Free*World für das richtige Training des Club-Personals, der *Free*World-Guides. Für die ging es in den DRIVe-Lehrgängen jedoch nicht nur darum, selber sicher auf den Skates zu stehen, sie mußten auch noch die Prüfung zum Inline-Instruktor bestehen.
Denn das Inline-Feeling sollen bei TUI *Free*World auch Diejenigen erleben können, die bislang noch nie auf den schnellen Rollen gestanden haben und deshalb zunächst eine gute Grundausbildung brauchen. Durch die im Reisepreis enthaltenen Inline-Kurse können auch „Absolute Beginners" schon nach kurzer Zeit an den geführten Inline-Touren teilnehmen, zum Beispiel im TUI *Free*World Sunclub Picafort auf Mallorca im schönen Norden der Insel.

Wer mag, kann sich nach den Routen aus diesem INLINE GUIDE Mallorca / Ibiza natürlich auch auf eigene Faust auf die Rolle machen, doch viele finden das Skate-Erlebnis in einer gutgelaunten Gruppe am schönsten. Die verschiedenen Touren erfüllen dabei alle Ansprüche: für die konditionsstarken Tempo-Freaks ist ebenso die passende Strecke dabei wie für die Recreation-Skater, die es eher gemütlich angehen lassen und beim Skaten auch die Landschaft drumherum erleben möchten.

Als besonderes Bonbon für alle Fitness-Skater bietet TUI *Free*World im Sunclub Picafort sechs spezielle Trainingscamps in der Königsklasse des schnellen Sports, dem Speed-Skating. Für jeweils eine Woche können alle Teilnehmer den besonderen Kick spüren, den das Speed-Skating zu bieten hat. Mit Roland Klöß, bis 1998 noch Bundestrainer der deutschen Speed-Skater, und dem international erfolgreichen Marathon-Skater Sebastian Baumgartner konnte TUI *Free*World zwei Top-Trainer für diese Camps gewinnen.

Auch hier kommt das Equipment von ROCES. Mit dem „CDG Paris" steht ein Speed-Skate zur Verfügung, bei dem trotz hoher Performance auch der gute Halt nicht zu kurz kommt. Das ist gerade für Speed-Einsteiger besonders wichtig, denn die oftmals sehr niedrig geschnittenen Wettkampf-Schuhe der Top-Skater wären für manchen Einsteiger noch nicht optimal zu beherrschen.

Das Training ist so aufgebaut, das Fitness-Skater genau dort abgeholt werden, wo sie gerade stehen. Die Teilnehmer sollten sicher auf Vierrollern unterwegs sein und über eine Grundkondition verfügen, wie sie ein aktiver Freizeitsportler mitbringt – Höchstleistung ist nicht das Thema dieser Camps. Hinterher wird dennoch jeder in die Geheimnisse der Fünfroller eingeweiht sein und vielleicht an seinen normalen Fitness-Skates keine rechte Freude mehr haben. Wer dieses Gefühl schon während des Camps verspürt, kann sein Paar ROCES Speed-Skates nach dem Urlaub für einen sehr günstigen Preis mit nach Hause nehmen. Die Termine für die sechs Speed-Weeks im Sunclub Picafort: 03.-09. Juli, 10.-16. Juli, 17.-23. Juli, 24.-30. Juli, 31. Juli - 06. August und 07.-13. August. Nähere Infos zu den Speed-Weeks findet Ihr in diesem Buch auf Seite 66, im TUI *Free*World-Katalog oder Online unter www.freeworld.de.

Auf jeden Inline-Skater wartet also bei TUI *Free*World ein besonderes Urlaubserlebnis. Doch auch Diejenigen, die nicht nur auf Rollen ihren Spaß haben wollen, finden im Sunclub Picafort auf Mallorca jede Menge sportliche Zerstreuung. Ob Freeclimbing, Volleyball, Basketball, Biking, Bogenschießen oder Beach-Action – eigentlich kommt hier am Rande des S'Albufera-Nationalparks keine Leidenschaft zu kurz.

Daneben hält der Spezialist für Fun & Feeling ein umfangreiches Programm in Sachen Day- & Nightlife parat, von interessanten Ausflugsangeboten in die Umgebung bis zur Party nach Sonnenuntergang. Frei sein, zusammen sein, dabei sein - TUI *Free*World ist der ultimative Tip für alle, die einen aktiven Urlaub jenseits der Norm machen wollen - mit jeder Menge Action & Spaß unter Gleichgesinnten.

Also: Viel Fun, feel free!

Hart im Nehmen.
Weich im Geben.
Die neuen ROCES
Fitness Lady Skates
London
»ROCES London w«
Edinburgh
»ROCES Edinburgh w«
Moskau
»ROCES Moscow w«
ROCES
INLINE SKATES
sico
Reichenaustraße 244 · 78467 Konstanz · Tel: 0 75 31 / 98 44 - 80 · Fax: 0 75 31 / 98 44 - 40 · Internet: www.sico.de · www.roces.it
spirit and soul of skating

LOCKER BLEIBEN
ODER: WIE BEREITE ICH MICH AUF DAS SKATEN VOR?

Daß der Inline-Boom auch seine Schattenseiten hat, können vor allem die Krankenkassen bestätigen. Die Zahl der Verletzungen ist so hoch, daß die Kosten für die Behandlung und Rehabilitation von verletzten Inline-SkaterInnen bereits in den dreistelligen Millionenbereich gehen! Pro Jahr, versteht sich.

Die AOK ist deshalb initiativ geworden und hat unter dem Titel „EASY INLINE" ein Magazin für Fitness-SkaterInnen produziert, welches in jeder Geschäftsstelle der AOK kostenlos erhältlich ist. Die folgenden vier Seiten sind ein Auszug aus dem Inline-Kurs mit Bundestrainer Roland Klöß, entnommen aus dem EASY INLINE-Magazin der AOK:

Ohne Warm-up nie auf die Skates!
Der Körper muß zunächst mal selbst „auf Touren" kommen. Dazu sind die folgenden Übungen sehr geeignet:
- Muskeln lockern und erwärmen
- für die Übungen bequeme Positionen einnehmen
- langsam an die Beweglichkeitsgrenze gehen
- immer 15-20 Sekunden belasten mit 2-3 Wiederholungen

1. Hals- und Nackenmuskulatur
Kopf im Stand zur Seite ablegen, rechte und linke Hand abwechselnd leicht auf den Kopf auflegen, und den Ellbogen des angehobenen Armes nach ziehen.

2. Schultergürtelmuskulatur
Den Arm vor dem Körper so anwinkeln, daß der Ellbogen vor dem Gesicht ist. Der andere Arm drückt nun sanft gegen den Ellbogen.

3. Hüftstrecker
In der Rückenlage wird ein Bein vom entgegengesetzten Arm in einer angewinkelten Position leicht zu Boden gedrückt. Beide Schultern haben Bodenkontakt.

4. Hintere Oberschenkelmuskulatur
Sitzend (Beine parallel gestreckt) wird der Oberkörper nach vorne geneigt. Wichtig: Den Rücken dabei stets gerade halten.

5. Vordere Oberschenkelmuskulatur
Im Stand ein Bein anwinkeln und mit dem Arm am Fußrücken so weit an den Körper heranziehen, bis die Ferse den Po berührt.

6. Fußstrecker
Während des Anlehnens an die Wand die Hüfte nach vorn drücken. Das hintere Bein ist die gerade Verlängerung zum Rücken. Das angewinkelte Bein steht locker auf dem Boden.

HALTUNG BEWAHREN
ODER: WIE FINDE ICH DIE RICHTIGE KÖRPERHALTUNG?

1.

2.

— ÜBUNG 1 —

ÜBUNG 2

1. In der optimalen Position bilden die Knie einen leichten Winkel, man sitzt also etwas in der Hocke. Wenn der Oberkörper zudem leicht nach vorne gebeugt ist, verteilt sich das Gewicht nun gleichmäßig auf alle Rollen. Den richtigen Punkt findet man am einfachsten, in dem man ganz leicht von vorne nach hinten und wieder zurück schaukelt. Schulter, Knie und Fußspitzen bilden von der Seite betrachtet immer eine senkrechte Linie zum Boden.

2. In dieser stabilen Position ist der Körper sehr gut kontrollierbar. Auch wenn es zunächst in den Beinen etwas anstrengend ist: Erst in dieser skating-position kommt auch der richtige Spaß auf. Die Arme sind dabei stets vor dem Körper und werden nicht auf den Oberschenkeln abgestützt. Diese Position ist die Basis für sicheres Skaten und die Ausgangsposition für alle folgenden Übungen in diesem Inline-Kurs.

Ganz wichtig für ein angenehmes und sicheres Skaten ist die richtige Balance auf den Skates, d.h. der Fuß darf weder nach innen noch nach außen umknicken. Viele Skates bieten automatisch eine hohe Stabilität im Knöchelbereich, doch gutes Material ist nur die halbe Strecke auf dem Weg zum sicheren Skaten. Wichtig ist vor allem das richtige Gefühl für die Skates. Trainieren kann man die Balance am besten durch die beiden folgenden Übungen:

Übung 1:
Die Bilder links und rechts zeigen das bewußt übertriebene Außen- bzw. Innenkanten während einer Rollphase in der skating-position. Die Skates rollen dabei parallel in Linie. Beim Umsetzen von der Außen- auf die Innenkante kann man sehr genau spüren, wann der optimale Balancepunkt erreicht ist, hier zu sehen auf dem mittleren Bild.

Übung 2:
Beim Slalomfahren wird man indirekt gezwungen, immer auf die Innen- bzw. Außenkante der Skates zu gehen. Beide Inliner bleiben auch hierbei möglichst parallel nebeneinander. Je besser man dieses Kanten beherrscht, umso einfacher fällt dann später das Slalomlaufen. Dabei werden, wie beim normalen Kurvenlauf auch, immer nur die Skate-Innenkanten belastet. Nur wenn man den genauen Mittelpunkt der Skates gefunden hat, setzt man die Bewegungen hinterher auch wirklich sicher um. Und wenn man es dann kann, ist plötzlich alles ganz einfach. Wie immer.

VON 100 AUF NULL
ODER: WIE BREMSE ICH?

1. Heel-Stop
Die Standard-Bremse für jedermann: Aus der skating-position heraus wird der Skate, an dem das Bremsgummi befestigt ist, leicht nach vorn geschoben. Das Körpergewicht bleibt aber auf dem anderen Bein. Die Arme dienen der Balance am besten, wenn man sie vor dem Körper hochhält. Den Bremsskate nun zunächst leicht an der Fußspitze anheben, bis die Bremskraft einsetzt. Der Oberkörper sollte dabei möglichst ruhig gehalten werden, damit man die Bremsrichtung nicht verläßt.
Je mehr Tempo, desto größer muß der Druck auf dem Bremsskate sein. Dennoch zunächst möglichst langsam anfangen und den Druck dann erst durch ein verstärktes Anheben der Fußspitze des Bremsskates erhöhen. Wenn noch mehr Bremskraft benötigt wird, das Körpergewicht langsam und leicht nach vorne verlagern.

Achtung: Die Gummi-Stopper nutzen mit der Zeit ab und sollten deshalb regelmäßig auf ihre Funktionalität überprüft werden.

2. T-Break
Aus der skating-position heraus wird ein Bein maximal im rechten Winkel auf dem Boden schleifend hinterher gezogen. Das Körpergewicht bleibt dabei auf dem Gleitbein. Mehr Druck auf dem Bremsbein bedeutet mehr Bremskraft. Zunächst sollte der Druck auf den Bremsskate nur sehr leicht ausgeübt werden, um dann langsam das Körpergewicht auf den Bremsskate nach hinten zu verlagern.

Achtung: Beim „Schleifen" im rechten Winkel drehen sich die Rollen des bremsenden Skates nicht mit, d.h. der Rollenverschleiß ist sehr hoch. Deshalb ist ein Bremswinkel, bei dem sich die Rollen mitdrehen, wesentlich rollenschonender.

3. Powerslide
Für geübte Skater und zum Bremsen aus höheren Geschwindigkeiten am besten geeignet ist der Powerslide. Der Anspruch an das individuelle Können ist hierbei allerdings sehr hoch, denn vor der eigentlichen Bremsung muß man in die Rückwärtsfahrt umspringen. Nur aus dieser Rückwärtsbewegung funktioniert der Powerslide.
Den Blick voraus wird das Bremsbein dann gegen die Fahrtrichtung gestemmt, die Rollen schleifen auf dem Boden. Durch erhöhten Druck auf den Bremsskate erhöht sich die Bremswirkung.

Achtung: Da sich beim Schleifen im rechten Winkel die Rollen am Bremsskate nicht mitdrehen, ist der Rollenverschleiß sehr hoch.

Für alle Bremstechniken gilt: Probieren, probieren und nochmals probieren! Niemals sollte man sich auf eine Bremstechnik verlassen! Für alle gilt die Regel, daß es ein Standbein gibt (auf dem das Körpergewicht ruht) und ein Bremsbein (auf dem anfangs möglichst wenig Körpergewicht liegen darf).
Jeder Skater muß sein persönliches Bremsbein selbst bestimmen. Ein Tip: Durch eine einfache Bremswegmessung hat man nicht nur viel Spaß, sondern ermittelt auch sehr einfach die für sich effektivste und somit beste Bremstechnik.

Alle Bremstechniken haben ihre Tücken und sind eigentlich nur zum Anbremsen oder zur Tempominderung geeignet, deshalb muß die Geschwindigkeit immer der Umgebung und dem eigenen Können angepaßt sein!

GESÜNDER STÜRZEN
ODER: WIE FALLE ICH RICHTIG?

A
B
C
D

Wenn der Sturz unvermeidlich ist, ist noch nicht aller Tage Abend. Ein kontrollierter Sturz kann sogar in brenzligen Situationen die beste aller Bremstechniken sein. Es kommt vor allem auf zwei Dinge an: Die richtige Technik zu beherrschen und die komplette Schutzausrüstung zu tragen. Nur sie garantiert im Fall des Falles den verletzungsfreien Sturz. Wer den Ablauf auf den Bildern A bis D mehrfach wiederholt, ist für den Ernstfall gewappnet.

Diese Übung wird zunächst aus dem Stand heraus durchgeführt. Wenn man sich dann sicher genug fühlt, sollte das Stürzen immer aus der Fahrt heraus geübt werden. Der Bodenbelag sollte beim Üben möglichst glatt sein. Achtung: Je schneller man fährt, desto schwieriger wird es, die richtige Fahrt- oder Sturzrichtung einzuhalten.

Phase A:
Es ist generell sehr wichtig, immer nach vorn zu fallen (Stürze nach hinten sollten aus dieser Position erst gar nicht passieren, denn sie sind zumeist unkontrolliert und damit sehr gefährlich). Die Arme werden angewinkelt nach oben genommen, denn den ersten Bodenkontakt müssen die Knie haben.

Phase B:
Das Fallen auf die Knieschoner ist anfangs eine Mutfrage. Mit der entsprechenden Ausrüstung merkt man aber schnell, daß der Sturz auf die Knieschoner tatsächlich keinerlei Schmerzen bereitet. Die Arme bleiben zunächst noch angewinkelt in der Luft und kommen erst später zum Einsatz.

Phase C:
Nachdem man auf beiden Knieschonern gelandet ist, wird der Oberkörper nach vorne gekippt, bis die Ellbogen auf dem Boden aufsetzen. Ohne Schoner wäre dies schmerzlos undenkbar, mit Schonern werden die Ellbogen zum Bremsanker. Die Hände bleiben immer noch in der Luft.

Phase D:
Erst jetzt kommen die Handgelenkschoner zum Einsatz. Hierbei ist es wichtig, die Fingerspitzen nach oben zu strecken, weg vom Boden. Wenn man diese Phase des Sturzes erreicht hat, ist schon fast alles vorüber – und es hat gar nicht weh getan! Diese effektive Technik funktioniert natürlich nur mit Schonern.

Achtung: Die Risiken beim Skaten liegen oftmals allein in der Selbstüberschätzung. So schön es beispielsweise auch sein mag, „downhill" einen Berg hinunter zu rauschen, so gefährlich ist es auch. Selbst Profis warnen davor, denn bei höheren Geschwindigkeiten können weder die besten Bremstechniken noch der beste Inline-Skater die Skates unter Kontrolle halten. So, nun aber viel Spaß beim Üben und Skaten!

THE RIGHT STUFF
SKATERS TOUREN-EQUIPMENT

PROTEKTOREN

Die Schutzausrüstung gehört ebenso zur Inline-Grundausstattung wie die Skates selbst. Nur das komplette Protektoren-Set, bestehend aus Knie-, Ellenbogen- und Handgelenkschoner, reduziert im Fall des Falles das Verletzungsrisiko erheblich. Ohne diese Schoner kann auch der kontrollierte Sturz (s. Seite 15) nicht funktionieren.

SONNENBRILLE

Sieht cool aus und ist zugleich ein wichtiger Teil der Schutzausrüstung. Bei Geschwindigkeiten von bis zu 40 km/h sind Insekten und herumfliegende Schmutzpartikel gefährlicher, als man denkt. Die plötzliche Kollision einer Fliege mit dem Auge ist nicht nur sehr schmerzhaft, sondern birgt auch eine hohe Sturzgefahr. Beim Kauf auf UV-Schutz achten.

TRINKFLASCHE

Beim Ausdauersport sollte man nicht warten, bis der Durst kommt, sondern für regelmäßige Flüssigkeitszufuhr sorgen. Für Skater gibt es sehr praktische Gurtsysteme, die verhindern, daß man ständig anhalten muß, um die Flasche aus dem Rucksack zu zerren.

INLINE-RUCKSACK

Da man in der Regel nicht direkt vor der Haustür losrollt, bieten sich Inline-Rucksäcke als Transportmittel für die Skates bis zum Startpunkt der Tour an. Die praktischen Helfer, die es mittlerweile in zahlreichen Varianten und Outfits gibt, halten außerdem reichlich Stauraum für all das bereit, was man unterwegs so braucht.

INLINE-HELM

Weil beim Inline-Skaten die Gefahr von Kopfverletzungen sehr groß ist, sollte man nicht mehr ohne Helm auf die Rolle gehen. Inline-Helme unterscheiden sich durch nichts von Helmen für Biker. Leicht sollten sie sein, gut belüftet und außerdem das Zeichen für geprüfte Sicherheit tragen.

INLINE-SOCKEN

Die Füße werden beim Skaten sehr stark beansprucht, egal, ob sie in Hard- oder Softboots stecken. Inline-Socken sind an den entscheidenden Stellen gepolstert, sorgen für ein gutes Skate-Gefühl und beugen lästigen und schmerzhaften Druckstellen vor.

WOMEN ONLY!

SKATES FOR WOMEN.

Vertrieb Deutschland:
POWERSLIDE Sportartikelvertriebs GmbH
Esbachgraben 3 · D-95463 Bindlach
Telefon 09208/60100 · Fax 9421
eMail: powerslide@powerslide.de

ROCES Enduro
Top-Fitness-Skate, der dank großer Rollen auch sehr gut im leichten Gelände funktioniert

ROCES Edinburgh
Extrem gut belüfteter Fitness-Skate, auch als Lady-Skate erhältlich

ROCES Stealth
Ein Speed-Skate der Extraklasse. Lederschuh mit Carbonfiberschale, Gel-Kissen im Knöchelbereich und Alu-Schiene

ROCES CDG Paris
Speed-Skate, der dank des hohen Schaftes allen Speed-Einsteigern den nötigen Halt gibt

VOLL AUF DER ROLLE
ROCES - PIONIER IM BAU VON INLINE-SKATES

Seit vielen Jahren gilt der italienische Skate-Hersteller ROCES als Trendsetter in der Inline-Szene. Die ersten größenverstellbaren Kinder-Skates trugen ebenso das ROCES-Logo auf dem Schaft wie der erste Skate für den harten Offroad-Einsatz, der „Big Cat". Die Italiener haben den Aggressive-Skate erfunden, stellten als erster Hersteller einen Skate speziell für Frauen auf die Räder und machen eigentlich bis heute nicht den Eindruck, als käme die firmeneigene Entwicklungsabteilung in absehbarer Zeit zur Ruhe.

Das große Engagement im sportlichen Bereich führt außerdem dazu, daß für viele Speed-Skater die Marke ROCES seit langem das Maß der Dinge ist. Doch auch die Vert- und Street-Skater, die ihren Skates in der Halfpipe oder im Obstacle-Course bekanntermaßen eine Menge abverlangen, schwören bei der Wahl ihres Equipments auf die Spezialisten aus Montebelluna. Heute bringt ROCES sein gesamtes Knowhow aus diesen Extrembereichen auch in die Entwicklung und den Bau der Fitness- und Recreation-Kollektion ein.

Die Produktpalette von ROCES ist dabei so breit angelegt, daß für jeden Geschmack und jeden Geldbeutel der richtige Skate dabei ist, wobei man in allen Preiskategorien die größtmögliche Qualität erwarten kann. Bei ROCES hat man von Beginn an allergrößten Wert darauf gelegt, die praktischen Erfahrungen der Inline-Skater in die Entwicklung und Produktion neuer Modelle mit einfließen zu lassen. Dies galt nicht nur für die zahlreichen professionellen Speed- und Aggressive-Skater, deren exclusiver Ausrüster ROCES seit vielen Jahren ist, sondern auch für die Freizeit-Skater. Da dieses Prinzip seit nunmehr 18 Jahren aufrecht erhalten wird, sind die Modelle von ROCES bis ins letzte Detail ausgereift.

Diese reiche Erfahrung bringt ROCES nun in die Partnerschaft mit TUI FreeWorld ein. Große Kontingente der Modelle „Enduro" und „Moscow" kommen in den Clubs zum Einsatz, die komplette Schutzausrüstung liefert ROCES gleich mit. Der „Moscow" ist ein sehr vielseitiger Fitness-Skate, ausgestattet mit ABEC 3 Lagern, einer Fiberglas-Schiene, anatomisch geformten Innenschuhen sowie einem durchdachten Schnellverschlußsystem.

Der „Enduro" erlaubt dank seiner drei großen, profilierten Rollen den Einsatz auch abseits der asphaltierten Wege. Die Rollen haben einen Durchmesser von 90 mm und bieten auch auf glattem Untergrund hervorragende Laufeigenschaften. Alu-Schiene, ABEC 5 Lager, Messing-Spacer, Slo-Memory-Foam-Innenschuh sowie eine Anti-Shock-Einlegesohle machen den „Enduro" zu einem Fitness-Skate der Extraklasse, mit dem man auch dort weiterkommt, wo herkömmliche Inline-Skates

ROCES Moscow
Fitness- und Recreation-Skate mit Fiberglas-Schiene und hochwertiger Ausstattung, auch als Lady-Skate erhältlich

an die Grenzen ihrer Möglichkeiten stoßen, denn auch Feld- und Waldwege meistert der ROCES „Enduro" ohne Probleme.

Bei den TUI FreeWorld Speed-Weeks auf Mallorca (s. Seite 66) kommt der CDG Paris zum Einsatz, ein Speed-Skate, der trotz seiner hohen Performance der optimale Skate für Speed-Einsteiger ist.

Vertrieb in Deutschland und Info
über SICO, Tel. 0 75 31 / 98 44 0
Internet: www.sico.de · www.roces.it

adidas SPORT WATCHES
IMMER AM PULS DER ZEIT

Wer sich sein Training optimal einteilen und seine Fortschritte exakt ablesen will, wird in den Fitness-Uhren von adidas einen zuverlässigen Begleiter finden.

MID 200

COOLER TICKER FÜR GIRLS
Ein innovatives Uhrwerk, verpackt in einem coolen Outfit. Mit Chronograph (1/100), 10-Runden-Speicher, Count-Down-Zeitmesser, akustischem Laufrhythmusgeber, Alarmfunktion, zwei Zeitzonen. Wasserdicht bis 200 Meter, 149,- DM

RUNNER

DAUERLÄUFER
Der zuverlässige Begleiter auf allen Strecken. Mit Lauftagebuch, 100-Runden-Zwischenzeitspeicher, Stoppfunktion (1/100), akustischem Laufrhythmusgeber, 24-Stunden-Anzeige, 4 Alarmzeiten, 2 Zeitzonen, Fiberglasgehäuse, ab 129,- DM

AL 200

PROFI-TRAINER
Die adidas AL 200 übernimmt beim Training die totale Kontrolle. Mit Stoppfunktion (1/100), 100-Runden-Zwischenzeitspeicher, Sport-Timer, akustischem Laufrhythmusgeber, 24-Stunden-Anzeige, Datumsfunktion, 4 Alarmzeiten, 2 Zeitzonen, Fiberglasgehäuse, dreidimensional animiertem Logo. Wasserdicht bis 200 Meter, 189,- DM

FELINE 5TH Avenue
Athletic Shoe On Wheels

FELINE Broadway
Super-Light Cross-Training Skate

FELINE Race
Ultimate Training Skate

FELINE Workout
Work-Out Skate

WOMEN ONLY
FELINE BAUT INLINE-SKATES NUR FÜR FRAUEN

Da sich die weibliche Anatomie auch im Waden- und Fußbereich sehr von der männlichen unterscheidet, finden Frauenfüße in Männerschuhen keinen Halt – beim Skaten führen diese Paßformprobleme oft zu Schmerzen und unsicherem Fahren. Ein guter Frauenskate braucht also zu allererst eine perfekte Paßform. In diesem Frühjahr sind die ersten Inline-Skates von FELINE zu haben. Die neue Marke hat sich völlig den Frauen verschrieben. Aufgrund der Analyse von 2000 Frauenfüßen durch das biomechanische Labor von Prof. Dr. Christian Haid an der Universitätsklinik Innsbruck wurde der „EVEfit" entwickelt: der Leisten für Frauen, auf dem die FELINE-Skates aufgebaut werden. Er ist schmal im Vorfuß und zierlich in der Ferse, mit einem ausgeprägten Fußgewölbe und dem höheren Rist, der den Frauen- vom Männerfuß unterscheidet. Und da der Wadenmuskel bei Frauen weit unten beginnt, hat der EVEfit-Leisten einen kürzeren, weiteren Schaft.

Die FELINE-Softskates werden aus hochwertigen Materialien gebaut und mit der anatomisch geformten Außensohle verbunden. Aber auch für ein durchdachtes Fahrwerk wurde gesorgt. Für eine dynamische Fußbelastung ist eine um etwa 8 mm erhöhte Ferse ideal. FELINE erfand deshalb das Lowrider-System: Die beiden hinteren und die vorderste Rolle haben einen besonders großen Durchmesser von 80 mm, sind also laufruhig und schnell. Die Rolle unter dem Fußballen ist nur 72 mm groß und bringt so den Fußballen um die erwünschten 8 mm tiefer. Das gewährleistet optimale Lastverteilung, der Schwerpunkt der Sportlerin ist nicht weiter vom Boden entfernt als beim Männer-Skate.

Die FELINE-Chassis werden aus 3 D-Aluminium gefertigt. Die beiden Spitzenmodelle der FELINE-Kollektion verfügen zusätzlich über das FULLY-System, das sicheres Fahren auch über schmutzigen Asphalt ermöglicht. Beim FELINE-Full Suspension-System werden Bodenunebenheiten durch ein Wippensystem ausgeglichen, an dem je zwei Rollen hintereinander aufgehängt sind. So werden Stöße durch die beweglichen Wippen sanft überrollt. Das schont die Gelenke. Schöner Nebeneffekt der Wippen-Aufhängung: Das Fahrverhalten in Kurven ist sicherer und dynamischer als bei einem herkömmlichen Skate, da sich die Rollen durch den schräg einwirkenden Druck zu einem leichten Bogen formieren und so die Kurvenfahrt unterstützen.

Vertrieb in Deutschland und Info über Powerslide, Tel. 0 92 08 /6 01 00

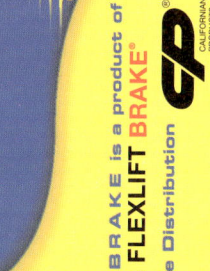

Nur Skaten ist schöner!

und noch viel mehr!

Verkauf - Verleih - (5Roller u.Fit) Speed-Treffs - Kurse - Service- Garantie per Scheck-Heft - Kindergeburtstagskurse - Tuning- Nieten- Zu eng ?-wir Weiten - Auswahl - Auswahl - Service - Service

INTERSPORT
Shops for Winners

Hass u. Sohn

28757 Bremen-Vegesack
Reeder-Bischoff-Str. 39-41
Tel. 0421/65 68 39 Fax 65 80 861
internet: www.vegesack.de/INTERSPORT

DER RICHTIGE DREH
INLINE SKATE-LAGER

Beim Inline-Skaten dreht sich im wahrsten Sinne des Wortes alles um die Lager. Jede Rolle hat gleich zwei davon, macht also 16 Kugellager für ein Paar Inline-Skates. Allein die Lager entscheiden, ob es läuft wie geschmiert oder ob der Spaß auf der Strecke bleibt. Die Kugellager haben ein Standardmaß von 22 mm Außen- und 8 mm Innendurchmesser bei einer Dicke von 7 mm. Sie werden in vier Qualitätsstufen angeboten: ABEC 1, 3, 5 und 7 (ABEC = Annular Bearing Engineers Comitee; amerikanische Qualitätsnorm für Kugellager). Die Werte beziffern die Verarbeitungsgenauigkeit der Bestandteile eines Lagers. Je höher der Wert, desto besser. Neben der ABEC-Einstufung finden sich bei der Lagerbezeichnung noch weitere Ziffern, z.B. „ZZ", „Z" und „RS". „ZZ" bedeutet, daß das Lager auf beiden Seiten mit Metallkappen vor grober Verschmutzung geschützt ist, „Z" zeigt den einseitigen Schutz an, wobei die ungeschützte Seite nach innen in die Rolle eingesetzt wird. „RS" signalisiert beidseitig mit Kunststoff-Dichtungen geschützte Lager, die auch Wasser und Staub fernhalten. Dabei gibt es noch Unterschiede bei den geschlossenen Lagern, denn manche sind wartungsfähig (mit Kunststoffkappe oder mit Sprengring versehen), andere wiederum sind nicht zu „knacken". Also beim Kauf danach fragen, ob die Lager wartungsfähig sind.

Das Material spielt bei Kugellagern eine große Rolle. Kugeln und Laufbahnen aus Qualitäts-Stahl sind das Beste, auch beim Lagerkäfig sollte man nicht auf Messing oder Nylon als billige Varianten ausweichen. Denn hat sich einmal ein wenig Schmutz eingeschlichen, sind diese Lager recht schnell verschlissen.

Auch die Lagerpflege ist wichtig und kann die Lebensdauer deutlich verlängern. In der Regel sollte man sie ab und an von außen trocken abwischen. Wurden die Lager dem Wasser ausgesetzt, zu Hause sofort ausbauen, trocknen, in Lösungsmittel einlegen und mit graphit- und teflonfreiem Lagerfett neu schmieren.

ZERLEGTES LAGER: ABEC 5 „ZZ"

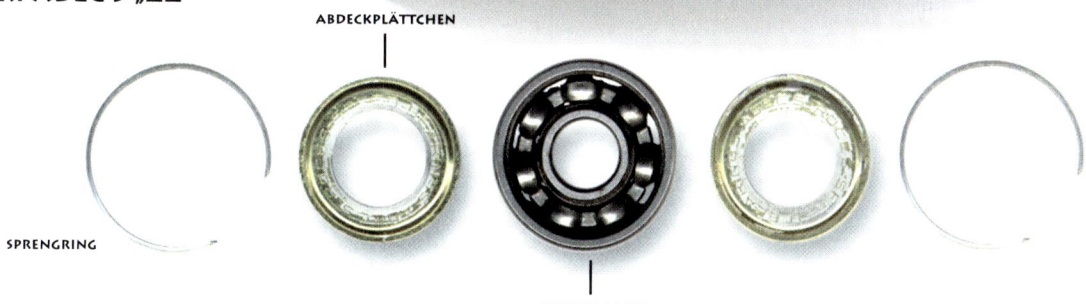

SPRENGRING   ABDECKPLÄTTCHEN   OFFENES LAGER

Fly and Glide!

Wer möchte nicht gern einmal in einer Traumlandschaft skaten?

Mit dem **TUI** *Free*World INLINE GUIDE für **Mallorca und Ibiza** ist dies nun kein Problem mehr. Er zeigt die **20 schönsten** Inline-Routen auf den beliebten Sonneninseln in bewährter Art und Weise, von der **Promenaden-Bummeltour** bis zur anspruchsvollen Fitness-Route für **fortgeschrittene Tempo-Skater.**

Für alle, die auch im Urlaub nicht auf den vollen **Skate-Genuß** verzichten wollen.

Der TUI FreeWorld INLINE GUIDE Mallorca/Ibiza ist für ~~19,80~~ DM im Buchhandel oder per Direktbestellung (02 01/86 20 631) erhältlich.

DIE QUAL DER WAHL
WIE FINDE ICH „MEINEN" INLINE SKATE?

1. Probiere möglichst viele Skates an. Kommen mehrere Modelle in die engere Wahl, vertraue Deinem Gefühl. Lasse die Skates möglichst lange an den Füssen. Entscheide Dich für diejenigen, in denen Du Dich am wohlsten fühlst. Achte nicht nur auf die Farbe oder modische Aspekte.

2. Mache Dich erst nachmittags auf die Suche nach „Deinem" Paar Skates, denn dann haben sich Deine Füße voll ausgedehnt. Skates, die Du am Vormittag kaufst, können schon am Abend zu eng sein.

3. Probiere die Skates nicht mit zu dicken Strümpfen, denn es kann passieren, daß Dein Fuß dann nicht genügend Halt findet. Für den späteren Einsatz sind Inline-Sokken zu empfehlen, die an den entscheidenden Stellen gepolstert sind.

4. Die Ferse darf im Skate nicht hochkommen. Der Innenschuh sollte etwa 1 cm Spiel an den Zehen bieten. Bei Softboots mit dem Fuß nach vorn rutschen, wenn zwischen Ferse und Schaft dann noch ein Finger Platz hat, sitzt er optimal.

5. Prüfe Kunststoffschienen auf ihre Steifheit: Nimm den Skate mit den Rollen nach oben in die Hand, umgreife die erste und letzte Rolle und versuche dann, die beiden inneren Rollen mit den Daumen nach unten zu drücken. Läßt die Schiene sich leicht eindrücken, hast Du den falschen Skate in der Hand. Aluschienen sind leicht und äußerst stabil, aber auch sehr kostspielig.

6. Beurteile den Leichtlauf der Rollen nicht danach, wie sie sich mit der Hand drehen lassen. Markenskates sind mit wartungsarmem Fett geschmiert, das seine richtige Schmierfähigkeit erst nach einigen Kilometern Fahrt erreicht. Schlecht drehende Rollen sind keineswegs ein Zeichen für schlechte Qualität.

7. Wichtig ist die Fußgelenkstabilität. Wenn sich die Schale im Knöchelbereich eindrücken läßt, stell sie zurück ins Regal. Labilität im Knöchelbereich - die manchmal als „sehr bequem" verkauft wird - kann übelste Verletzungen an den Bändern nach sich ziehen.

8. Entscheide Dich nicht zu schnell für oder gegen Schnallen oder Schnürung. Ein allgemeingültiges Optimum gibt es nicht, wenn dies auch immer wieder behauptet wird - schließlich ist jeder Fuß anders. Bei Schnallenbindung solltest Du darauf achten, daß mindestens drei Schnallen geboten werden.

SIE KAUFEN IHRE **BRÖTCHEN** JA AUCH NICHT BEIM **KLEMPNER!!!**

VOM **ANFÄNGER**-SKATE BIS ZUM **FITNESS**-SKATE...

VOM **SPEED**-SKATE BIS ZUM **CROSS**-SKATE...

VOM **HOCKEY**-SKATE BIS ZUM **AGGRESSIVE**-SKATE...

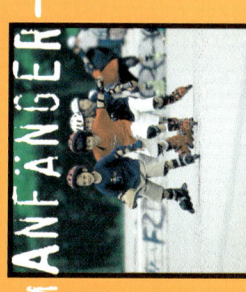

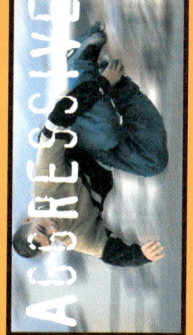

WIR BIETEN EINE GROSSE AUSWAHL UND FACHKUNDIGE BERATUNG. SIE FINDEN UNS IN EINER WUNDERSCHÖNEN SKATE-HALLE, WO SIE IHRE SKATES **GLEICH AUSPROBIEREN** KÖNNEN.

JEDEN SONNTAG INLINE SKATE-KURSE FÜR ANFÄNGER UND FORTGESCHRITTENE DURCH D.I.V. INSTRUCTOREN

SPORT-BERNTHEUSEL – Der Inline-Spezialist in Bremen
Waller Heerstr. 293a · In der Eissporthalle Paradice
Tel. 0421/6198888 · Fax 0421/6198892 · E-Mail UK120770@aol.com

ALL YOU NEED IS SPEED
SPEED-SKATING - EINE SPORTART SUCHT AKTIVE

Millionen Fitness-SkaterInnen sind sich einig: „Das Erlebnis, auf acht Rollen fast schwerelos Dahinzugleiten, ist kaum zu toppen." „Es sei denn, man nimmt zehn", würde ein Speed-Skater wohl antworten, sich dann in seine beiden Fünfroller schwingen und sich mit ein paar kräftigen Abstößen auf seine Flugbahn begeben.

Was noch vor wenigen Jahren Rollschnelllauf hieß und ausnahmslos auf den sogenannten Quads (den guten alten Rollschuhen mit vier dicken Rollen an zwei Achsen) betrieben wurde, hat sich seit Einführung der Inline-Technologie grundlegend geändert. Holländer waren die ersten, die bei einem Rennen in Deutschland mit internationaler Besetzung auf ihren damals brandneuen Speed-Skates die gesamte Quad-Konkurrenz in Grund und Boden fuhren. Schon eine Saison später gab es eigentlich keine Rollschnell-Läufer mehr, nur noch Speed-Skater bestimmten das Wettkampfgeschehen. Denn jeder stieg auf die Fünfroller um, Quads verschwanden von der Bildfläche.

Seitdem hat sich im Speed-Skating vieles weiter entwickelt. Die Jagd nach besseren Zeiten ließ die Lauf- wie auch die Schuhtechnik fortschreiten. Präzisionskugellager, verwindungssteife Schienen aus Flugzeugaluminium oder Kohlefaser, ausgesuchte Rollen und maßgeschneiderte Schuhe treiben die Preise in die Höhe. Doch auch mit Speed-Skates „von der Stange" kann man mithalten, vorausgesetzt, Technik und Kondition stimmen.

Speed-Skating ist heute in Deutschland noch eine Randsportart. Doch obwohl es derzeit nur 1.500 aktive SpeedskaterInnen gibt, kann die „kleine" Speed-Skating-Nation Deutschland international erstaunliche Erfolge aufweisen. Die dreifache Weltmeisterin Anne Titze aus Seeheim ist das Aushängeschild des deutschen Speed-Skating-Sports, Dirk Breder aus Homburg ist der schnellste Mann im Land, war vor vier Jahren 500 m-Europameister und WM-Dritter über 1.500 m. Auch der Nachwuchs sorgt schon für hervorragende Resultate und bringt von Junioren-Europameisterschaften zahlreiche Medaillen mit nach Hause.

Doch fehlen dem rasanten Sport die nötigen Zuschauerzahlen, um die großen Sponsoren anzulocken. Das Potential an talentierten Fitness-SkaterInnen hingegen ist enorm. Die meisten jedoch ahnen nicht einmal, das sie ausgezeichnete Speed-Skater sein könnten. Wer eine gute Kondition und gute technische Grundlagen mitbringt, hat durchaus Chancen, bis in die nationale Spitze vorzudringen. Roland Klöß, Bundestrainer der Speed-Skater dazu: „Wer topfit ist, Talent hat und motiviert genug ist, sich im Training zu quälen, kann ganz vorne mitfahren". Vor dem Hintergrund, daß Verbände und Hersteller schon laut über den Gang nach Olympia nachdenken, tut sich hier für manch schnellen Fitness-Skater ein triftiger Grund auf, zukünftig um eine Rolle aufzurüsten. Doch wird einem der Einstieg nicht ganz leicht gemacht. Speed-Skates sind kostspielige Sportgeräte, der Einstieg ist unter 600-800 Mark kaum zu haben, nach obenhin sind die Preise offen.

Daß der allgemeine Inline-Boom schlußendlich dann doch auf den Sport durchschlägt, macht sich bei den großen Laufveranstaltungen schon bemerkbar. Da bei solchen Rennen nicht nur in Speed- sondern auch in Fitness-Klassen gestartet wird, wächst ein Teilnehmerfeld schon mal in den vierstelligen Bereich. So gingen beim '97er Köln-Marathon, der ja eigentlich ein klassischer Laufwettbewerb ist, bereits mehr als 1.000 Inline-SkaterInnen an den Start. Von Rahmenprogramm kann man da eigentlich nicht mehr sprechen. Die Marathondistanz von 42,195 Kilometer legen Top-Speed-Skater in knapp 70 Minuten zurück (Weltrekord 1.04:27,986 h), erreichen also eine Durchschnittsgeschwindigkeit von rund 40 km/h. Auch in Sachen Beschleunigung beibt angesichts des aktuellen Weltrekordes des Italieners Ippolito Sanfratello glatt die Luft weg: Er benötigte für die 300 m-Sprintdistanz auf ebener Strecke gerade einmal 24,418 Sekunden. Beim Überqueren der Ziellinie wurde seine Geschwindigkeit mit 57 km/h gemessen! Wer interessiert sich da noch für Rennräder?

Rund 40 Speed-Skating-Vereine kümmern sich in Deutschland um den Nachwuchs. Wer sich mit einem der Vereine in Verbindung setzen möchte, kann von der Speed-Skating-Abteilung des DRIVe in Ulm eine Liste mit den Adressen erhalten (Telefon: 0731-66414). Viele dieser Vereine bieten auch Schnupperkurse an, vielleicht die einfachste Möglichkeit, sich einmal auf Fünfrollern zu versuchen. Beim DRIVe könnt Ihr auch eine Terminliste von allen Speed-Skating-Veranstaltungen erhalten, bei denen auch Fitness-LäuferInnen auf Vierrollern an den Start gehen können.

Auch so viel im Kopf...

... und wenig Zeit für Versicherungen und Finanzen? Dagegen haben wir was.

Die Lösung für alle zwischen 16 und 29:

Mit **TRAUMSTART** haben Sie genau die Sicherheit, die Sie jetzt brauchen – nicht zu viel, aber auch nicht zu wenig. Einmal Kümmern genügt!

Und das Beste:
Mit **TRAUMSTART** sparen Sie bis zu 12 % gegenüber unseren Normaltarifen.

Anruf oder e-M@il genügt:

www.traum-start.de
0 18 02 / 78 81 00

Der Berg ruft,
also hör hin.

Wer meint, es sei nur kaltblütigen Bergprofis vergönnt, im steilen Fels und durch tiefe Schluchten zu klettern, wird in seinem Leben so einiges verpassen. Beim Canyoning dem Weg des Wassers durch atemberaubende Schluchten zu folgen oder beim Klettern über sich hinauszuwachsen, ist eine Herausforderung, die niemand scheuen muß.

„Stone Love" bietet Touren für jeden Geschmack und für jedes Können. In überschaubaren Gruppen, mit professioneller Begleitung und an den schönsten Canyoning- und Kletterplätzen Europas.

Laßt Euch diesen Thrill nicht entgehen.

Wir bringen Euch da durch.

Gardasee / Provence
Pyrenäen / Vorarlberg / Frankenjura
Individualprogramme
Firmenseminare / Incentives
Vereinsbetreuung
Cross-Training / Schulfahrten

Kontakt: Stone Love / York Schäfer
Postanschrift: Fitness-Point Halver
Postfach 1235, 58542 Halver
Mobil: 0177 - 4077139
Fax: 02353 - 902451

AUF DISTANZ GEHALTEN
WAS KANN EIN SPACER UND WARUM?

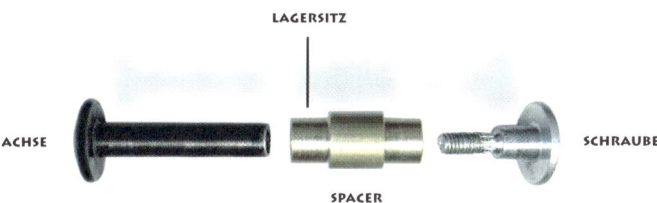

Tief verborgen in der Schiene, für das Auge nicht sichtbar, sitzen sehr wichtige Teile für den ungetrübten Fahrspaß. Zwar sind nicht sie allein dafür verantwortlich, doch der tollste Skate mit den geilsten Rollen und den teuersten Lagern ist nur die Hälfte wert, wenn die Spacer nichts taugen und nach ein paar Dutzend Kilometern ihren Geist aufgeben.
Jede Rolle wird von einem Spacer getragen. Er erfüllt allein die Funktion, die beiden Kugellager in der Rolle im richtigen Abstand zueinander zu halten und ihnen außerdem einen perfekten Sitz zu geben. Das richtige Zusammenspiel von Lagern, Spacern und den Achsen (meist Stahlschrauben) entscheidet darüber, wie effektiv die Kraftübertragung vonstatten geht.

Spacer aus Kunststoff verformen und verklemmen sich leicht, weil das Material den hohen Drücken, die von der Seite auf die Lager einwirken, auf Dauer nicht gewachsen ist (z.B. Abstoßphase, schnelle Kurvenfahrten). Auch halten Kunststoff-Spacer den bisweilen recht hohen Temperaturen auf Dauer nicht stand.
Deshalb besser Spacer aus Alu oder Messing verwenden. Sie sind erheblich belastbarer und kompensieren die hohen Temperaturen sehr gut. Spacer sind in jedem Skate-Shop erhältlich und beim nächsten Rollenwechsel leicht auszutauschen.

3x PRINZ gratis!

Jetzt testen!

- Monat für Monat aktuelle News aus den Bereichen Kino, Party, Gastro, Platten und Konzerte. Dazu aktuelle Reportagen und Interviews sowie die besten Termine für Bremen!
- **Bestellen Sie Ihr kostenloses Probeabonnement mit dem beigefügten Coupon!**
- Jetzt auch online: **www.prinz.de**

Widerrufsgarantie: Diese Bestellung kann innerhalb von 10 Tagen (Datum, Poststempel) beim PRINZ-Verlag, Am Dobben 14-16, 28203 Bremen, widerrufen werden.

Ja, ich möchte den PRINZ 3 Monate gratis testen.

☐ **So funktioniert's:** Einfach diesen Coupon oder eine Kopie leserlich ausfüllen und ab in die Post an den **PRINZ**-Verlag, Am Dobben 14-16, 28203 Bremen. Die nächsten drei Ausgaben des Metropolenmagazins **PRINZ** erhalten Sie dann gratis. Erhalten wir nach zwei Ausgaben keine Nachricht, wandelt sich das Probe-Abo in ein **PRINZ**-Jahres-Abo zum Vorteilspreis von 52 Mark um. Für Studenten, Schüler, Auszubildende, Zivildienstleistende und Wehrpflichtige nur DM 40,-. (Bescheinigung an Prinz schicken.)

14959

_____
Name/Vorname

_____
Straße/Hausnr.

_____
PLZ/Wohnort

_____
Datum/1. Unterschrift

Widerrufsgarantie: Diese Bestellung kann innerhalb von 10 Tagen (Datum des Poststempels) beim PRINZ-Verlag, Am Dobben 14-16, 28203 Bremen, widerrufen werden.

Ich bestätige dies mit meiner 2. Unterschrift

_____
Datum/2. Unterschrift

Ausschneiden oder Kopieren!

ALLES DREHT SICH
WIE KOMME ICH AUF DIE RICHTIGE ROLLE?

Geradezu unüberschaubar, was an Rollen in allen Farben und Größen zu haben ist. Vor allem anderen muß jeder sich eine Frage beantworten: Wofür brauche ich die Rolle? Hat man hierzu einmal die Antwort, ist der Rest ganz einfach. Der Querschnitt einer Rolle legt fest, für welchen Einsatzzweck sie geeignet ist. Auch die Größen und Härten variieren in den einzelnen Disziplinen sehr stark.

Die Rollen sind meist aus Polyurethan (PU), denn bei Abrollverhalten, Haftung und Dämpfungseigenschaften ist dieses Kunststoffmaterial unerreicht.

Alle Fitness- und Speed-Rollen haben eine Felge, die das Gewicht reduziert, für die wichtige Kühlung sorgt und die Lager trägt. Sehr weiche Rollen sind sehr komfortabel, haben aber einen vergleichsweise hohen Abrieb. Harte Rollen sind schnell und halten länger, bieten aber nicht unbedingt die beste Laufruhe. Markenskates sind in der Regel mit guten Rollen ausgerüstet. Wer damit gute Erfahrungen gemacht hat, sollte auch beim ersten Rollenwechsel dabei bleiben.

Bei einer Rolle wird immer der Außendurchmesser in Millimetern angegeben (40 bis 88 mm) sowie die Härte in Durometern („A"), in der Regel von 74 A (sehr weich) bis 100 A (sehr hart). Diese Angaben finden sich auf der Rolle selbst.

Um die Lebensdauer zu erhöhen, sollten sie in Abständen untereinander ausgetauscht werden (Innenseiten nach außen und umgekehrt, erste und letzte Rolle gegen die beiden inneren tauschen).

ROLLENRADIEN	
⋀	**SPEED** ø 76-82 mm Härte: 75-93 A
⋀	**FITNESS UND RECREATION** ø 76-80 mm Härte: 78-90 A

THE RIGHT STUFF
DIE RICHTIGE AUSRÜSTUNG ZUM FITNESS-SKATEN

AEROWHEELS Spider

Fitness-Spezialist AEROWHEELS bietet Rollen für jeden Einsatzzweck. Selbst profilierte Regenrollen und Rollen mit Spikes gehören zum Lieferprogramm.

FITNESS-ROLLEN

KOPP

KOPP-Rollen gehören in der Speed-Skater-Szene zum guten Ton. Erhältlich in verschiedenen Härtegraden.

SPEED-ROLLEN

DIE LAGE
UNSER „KURSANGEBOT" IN BREMEN UND UMGEBUNG

Inline-Skates funktionieren nur auf glattem Asphalt, der allerdings über etliche Kilometer hinweg sehr schwer zu finden ist. Erkundungen auf eigene Faust enden deshalb oft im geschotterten Abseits. Wo skaten also, wenn die immergleiche „Hausstrecke" nach und nach langweilig wird?

Wir bieten im INLINE GUIDE 15 Alternativen an, die von Inline-Scouts auf ihre Tauglichkeit gecheckt wurden. 15 Strecken unterschiedlichen Charakters, Routen zum bummeln und sprinten, Touren für Träumer und Tempo-Freaks. Dazu sei gesagt, daß die verkehrsrechtliche Situation der Inline-Skater vielen interessanten Rundkursen noch immer einen Riegel vorschiebt, denn wenn sich auch in der harten Realität schon längst Sohlen, Reifen und Rollen die Wege teilen, so müssen sich doch alle Skater darüber im klaren sein, daß die Benutzung von Radwegen mit den rollenden Schuhen auch in der 99er Saison noch immer nicht erlaubt ist. Wir sind jedoch der Zeit ein wenig vorausgeeilt und haben in einige Routen auch Abschnitte auf Radwegen eingebaut, allein deshalb, weil es sich kaum vermeiden läßt. Wer diese Routen dennoch skatet, wird also zum Schwarzfahrer.

Um so wichtiger, daß Walker, Biker und Skater zukünftig noch mehr Rücksicht aufeinander nehmen. Wir haben die vorgestellten Routen mir großer Sorgfalt erkundet. Sollte sich dennoch irgendwo ein Fehler eingeschlichen haben, so laßt es uns bitte wissen. Auch können wir nicht ausschließen, das Details sich im Laufe der Zeit verändern. Um den INLINE GUIDE immer auf dem aktuellsten Stand zu halten, sind Eure Hinweise – z.B. auf Baumaßnahmen – bei uns sehr willkommen.

Eine Übersicht aller in den Karten verwendeten Symbole zeigt Euch der praktische kleine Klapper auf der letzten Seite des Buches, den Ihr auch als Lesezeichen nutzen könnt.

Viel Spaß also bei der Lektüre und viele erlebnisreiche und sturzfreie Kilometer auf acht oder zehn Rollen.

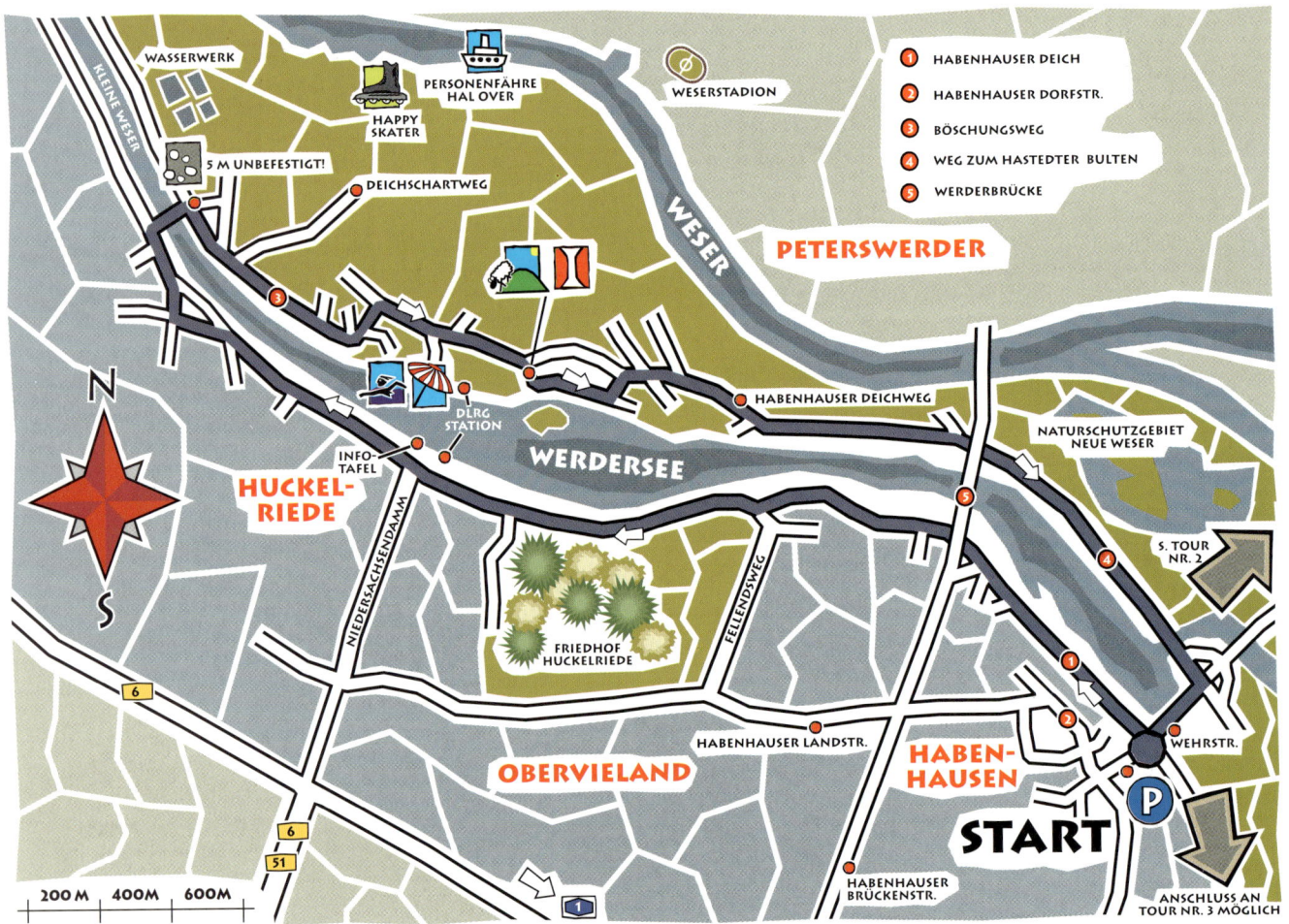

TOUR NR. 1
UM DEN WERDERSEE
9 KM / EINSTEIGER-GEEIGNET

LAGE:
Unterhalb der Weser in der Nähe des Weserstadions im Süden von Bremen.

ANFAHRT:
Die A 1 verläßt Ihr am Kreuz Bremen-Arsten und folgt dem Autobahnzubringer Richtung Arsten/Flughafen. Den Zubringer an der ersten Ausfahrt verlassen und der Ausschilderung „Weserstadion" folgen. An der 3. Ampel rechts in die Habenhauser Landstraße, die nach einem Rechtsknick in die Habenhauser Dorfstraße übergeht. Dann biegt Ihr links Richtung „Weserwehr, Arge Wasserschleuse, Wasser- und Schiffahrtsamt" in die Wehrstraße. Auf der rechten Straßenseite findet Ihr Parkbuchten.

STRECKENCHARAKTER:
Bis auf ein Deich-Gefälle durchgängig ebener Rundkurs. Ihr habt 98% Asphalt unter Euch und 2% Verbundsteinpflaster. Ihr skatet auf Rad- und Fußwegen und etwa 300 m auf wenig befahrener Straße.

SPECIALS:
Am Rande der Strecke findet Ihr Tennis- und Fußballplätze. Im Sommer könnt Ihr Euch im See eine kühle Erfrischung verschaffen. Ebenfalls gibt es in den Sommermonaten einige mobile Imbißbuden für den kleinen Hunger und den großen Durst. Außerhalb der Schönwetter-Zeiten sollt Ihr Getränke im Rucksack haben. Wer noch keine eigenen Skates besitzt, kann sich auf der Werderinsel an der Verleihstation der Happy-Skater in der Nähe der Personenfähre „Hal Over" Inline-Skates ausleihen (nur bei schönem Wetter).

TIP:
Vor allem an sonnigen Wochenenden sind die Wege dieser Werdersee-Umrundung stark frequentiert. Für solche Tage gilt: gemächliches Tempo, auch wenn's bei dem glatten Asphalt wohl so manchem Skater unter den Füßen juckt.

BESCHREIBUNG:
Vom Parkplatz aus folgt Ihr (besser zu Fuß) der Zufahrtsstraße, bis Ihr zum Deich gelangt. Oben angekommen geht's los und Ihr skatet auf dem gut asphaltierten Rad- und Fußweg des „Habenhausener Deiches" nach links. In der Ferne könnt Ihr die Beleuchtungsanlage des Weserstadion erblicken. Ignoriert alle Abzweigungen und rollt immer geradeaus über den Damm. Ihr skatet unter einer Brücke hindurch und gute 200 m weiter ist der Asphalt unter Euch zum Gleiten glatt. Ab km 2 beginnt links ein Waldstück, es gehört zum Friedhof Huckelriede. Ihr findet ab hier vereinzelte Bänke zum Rasten mit schönen Ausblicken auf den See. Ihr skatet an der DLRG-Station vorbei. Links liegt das Gebäude der Bereitschaftspolizei. Wo bei km 2,8 der „Niedersachsendamm" nach links abzweigt, findet ihr auf der rechten Seite eine Tafel, die Euch über alles Wissenswerte zum Naherholungsgebiet aufklärt. Es geht immer noch geradeaus weiter, bis Ihr bei km 3,6 an eine x-förmige Kreuzung gelangt. Haltet Kurs leicht nach links, 50 m dahinter rollt Ihr nach rechts. Geradeaus, bis Ihr bei km 4 nach rechts auf Betonplatten über die Brücke rollt. Hinter der Brücke geht es für Euch rechts weiter, aber Vorsicht: für ca. 5 m ist der Weg unbefestigt. Nun geradeaus, bis Ihr an einem Baum mit einladender Parkbank vorbeirollt. Dahinter bei der 2. Möglichkeit, links abbiegen. An der T-Kreuzung haltet Euch rechts. An der nächsten Gabelung geht es nach links. Noch vor dem Abzweig den Ihr nach rechts nehmt, liegt links die DLRG-Lehrstation. Seid Ihr richtig abgebogen, kommen linkerhand Tennisplätze und Sportschule. An der nächsten Gabelung bei km 5,7 geht es auf schmalem Weg rechts den Deich hinunter zum Ufer. Ihr skatet 200 m entlang des Werdersees und biegt dann links ab. 100 m rollt Ihr bis zur T-Kreuzung. Dort nach rechts und nun alle abgehenden Wege ignorieren, also immer geradeaus auf traumhaftem Asphalt, bis Ihr vor der Brücke an der T-Kreuzung nach rechts abbiegt. Unter der Brücke hindurch geht es auf dem „Weg zum Hastedter Bulten" bis zum Ende. Jetzt trefft Ihr auf die Wehrstraße. Ihr skatet nach rechts über den Damm und es sind nur noch wenige Meter bis zu den Parkbuchten.

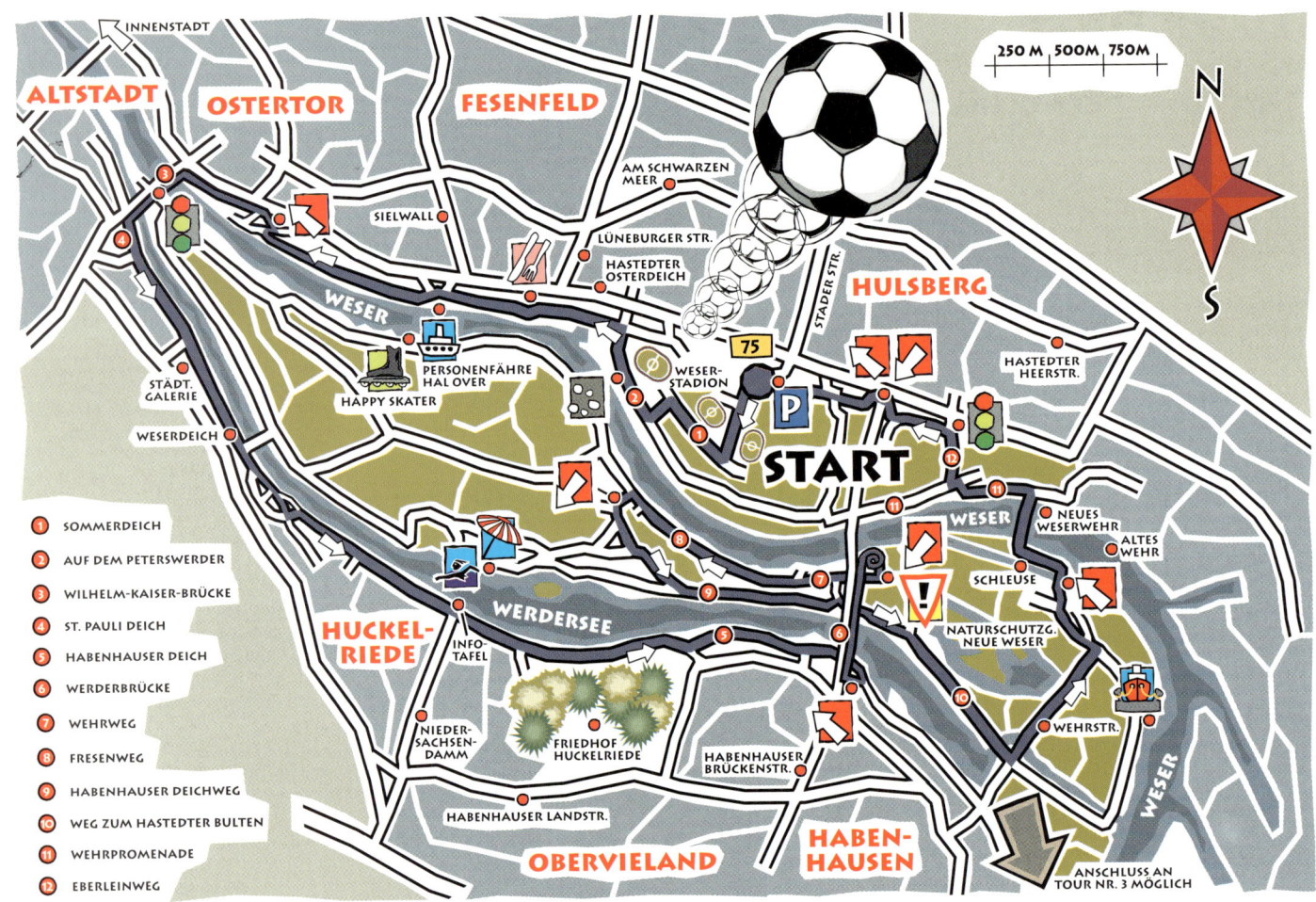

TOUR NR. 2
WESERSTADION, WERDERSEE, WESERWEHR
16,4 KM / EINSTEIGER-GEEIGNET

LAGE:
Südlich der Innenstadt von Bremen, an der Weser und am Werdersee entlang.

ANFAHRT:
Die A 1 verlaßt Ihr am Kreuz Bremen-Arsten. Folgt dem Autobahnzubringer Richtung Arsten/Flughafen. An der 1. Ausfahrt verlaßt Ihr den Zubringer und fahrt weiter Richtung Weserstadion über die Werderbrücke. An einer T-Kreuzung endet die Straße, Ihr biegt nach links auf den „Osterdeich". An der nächsten Ampel links abbiegen und den Schildern „Parkplatz Weserstadion" folgen (kostenfreies Parken an Tagen ohne Großveranstaltung).

STRECKENCHARAKTER:
Rundkurs mit einigen leichten Steigungen und Gefällen. 88% Asphalt, 12% Verbundsteinpflaster. Ihr skatet viel auf Rad- und Fußwegen, auch auf Bürgersteigen und 400 m auf wenig befahrener Kfz-Straße.

SPECIALS:
Ein Gastropunkt bei km 1,7. Im Sommer im Naherholungsgebiet zahlreiche mobile Imbiss- und Eisbuden. Für Kunstliebhaber liegt bei km 4,9 die „Städtische Galerie im Büntentor" (wechselnde Ausstellungen). Für Fußballfans ist diese Tour Pflicht. Bademöglichkeit im Werdersee.

TIP:
Tolle Mix-Tour, citynah und doch im Grünen, ideal für Bremen-Besucher. Aber leider so gut besucht, daß wir für einen ungestörten Ausflug im Sommer nicht garantieren. Weitere Tips in Tour Nr. 1.

BESCHREIBUNG:
Ihr rollt zunächst zurück zur Parkplatzeinfahrt. Von dort geht es auf einem gepflasterten Weg (nur für Lieferanten) nach links. Rechts und links liegen Fußballplätze. Geradeaus weiter auf sehr gutem Asphalt bis zu einer T-Kreuzung, dort nach rechts auf den „Sommerdeich". Am nächsten Abzweig nur kurz vor dem Stadion nach links auf den Fußweg der rechten Seite. An der T-Kreuzung vor dem Deich skatet nach rechts (Auf dem Petersweder). Aufgepaßt: Ihr müßt Euch kurz die Straße mit den Pkw's teilen. Hinter dem Stadion geht's auf dem linken Fußweg weiter (kurzes Stück Kopfsteinpflaster). Noch vor der Unterführung biegt nach links auf einen Fußweg. Bei km 1,7 liegt rechts ein Café. Ab hier ist der Asphalt toll glatt. Ihr skatet bei km 2,4 an einer Anlegestelle vorbei entlang der Weser. An der Gabelung bei km 3,2 biegt Ihr nach rechts und macht dabei fast eine Wende. Kurz dahinter nach links. Es geht eine kleine Steigung hinauf bis zum Radweg an der Hauptstraße, oben dann links. An der Kreuzung bei km 3,7 skatet Ihr links auf die Brücke über die Weser. An der nächsten Ampelanlage die abzweigende Straße geradeaus ebenso überqueren wie die folgende Brücke. Dahinter auf dem Rad- und Fußweg links in Richtung „Arsten". Zunächst ist der Weg gepflastert, endet die Straße aber nach etwa 300 m, geht es geradeaus auf tollem Asphalt weiter. Den Abzweig nach rechts ignorieren. Ihr erreicht bei km 4,9 die „Städtische Galerie". An der Kreuzung bei km 5,2 (rechts Treppe) geradeaus und an der nächsten Gabelung links halten. 200 m weiter am Abzweig geradeaus, an der darauffolgenden Gabelung ebenfalls. 200 m weiter geht's nach links auf den Fußweg der linken Seite und geradeaus alle Abzweige ignorierend. Bei km 6,5 findet Ihr auf der linken Seite eine Hinweistafel mit vielen Infos über das Naherholungsgebiet. Auf der rechten Seite beginnt schon bald ein Waldstück. Endet der Wald, haltet Ihr 300 m dahinter an der Gabelung links. Nun immer geradeaus Richtung Werderbrücke. Skatet drunter durch und dann rechts zur Brücke hinauf. Oben rollt Ihr auf dem Rad- und Fußweg nach rechts (rechte Seite). Noch auf der Brücke rollt Ihr nach wieder rechts eine Rampe hinunter. Aber Achtung: Es geht wie im Parkhaus mehrere Runden bis nach unten (Macht Spaß, wenn man bremsen kann...).
Dort skatet nach rechts auf den „Wehr später Fresenweg" und wieder unter der Brücke hindurch. Nun geradeaus, einige abführende Wege ignorieren. Links und rechts liegen Schrebergärten. Hinter einer Absperrung geht es links hinunter (geradeaus Abstecher zum „Happy Skater" möglich). Dem Straßenverlauf folgen, bis Ihr auf den „Habenhauser Weg" stoßt, dort nach links. Dem „Deichweg" folgen, dann nochmal unter der Brücke durch. Geradeaus, bis Ihr auf die Wehrstraße stoßt. Vorsichtig rollt Ihr auf öffentlicher, aber wenig befahrener Straße nach links. Hinter einer Linkskurve haltet Euch an der Gabelung links. An der Schleuse geht es dann wieder hoch auf die Brücke, die Ihr überqueren müßt. Drüben an der T-Kreuzung links und weiter den Weg an der Weser entlang. Wenn Ihr eine Kreuzung erreicht, rollt erst nach links, dann nach rechts (kurzes, unbefestigtes Stück). An der Ampel links auf die unterhalb liegende Straße und noch vor der Linkskurve die Rampe hinauf zur Kreuzung. Überquert geradeaus die „Hastedter Brückenstraße" und über die Rampe geht es wieder hinunter. Ab der nächsten Kreuzung folgt Ihr immer der Ausschilderung Richtung Parkplatz. Dann das Auto suchen und Ihr habt's geschafft.

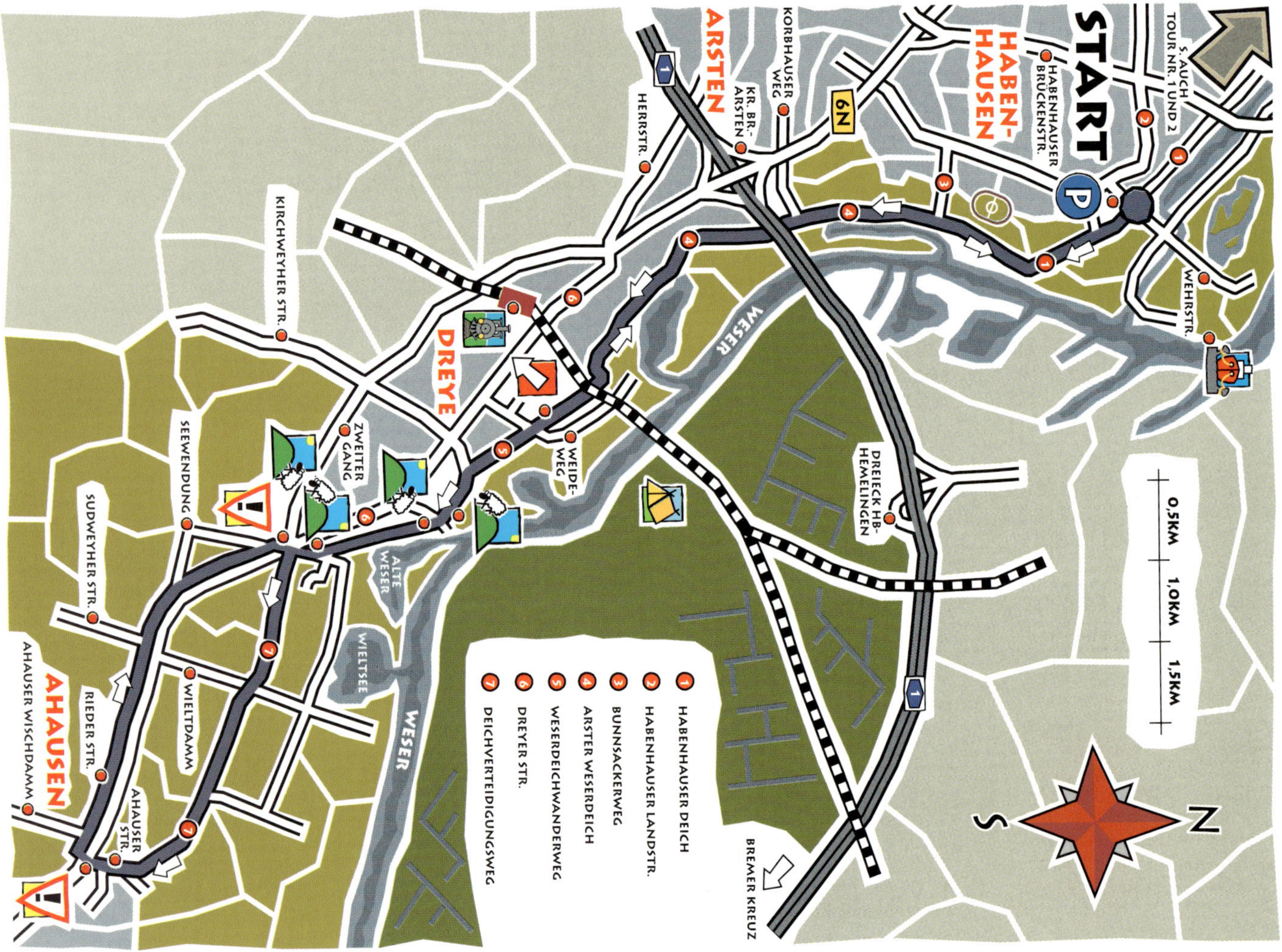
START
S. AUCH TOUR NR. 1 UND 2
HABEN-HAUSEN
HABENHAUSER BRÜCKENSTR.
KORBHAUSER WEG
KR. BR.-ARSTEN
ARSTEN
HERRSTR.
6N
1
KIRCHWEYHER STR.
DREYE
ZWEITER GANG
WEIDE-WEG
SEEWENDUNG
SUDWEYHER STR.
WIELTDAMM
RIEDER STR.
AHAUSEN
AHAUSER STR.
AHAUSER WISCHDAMM
ALTE WESER
WIELTSEE
WESER
WESER
WEHRSTR.
DREIECK HB-HEMELINGEN
BREMER KREUZ
1 HABENHAUSER DEICH
2 HABENHAUSER LANDSTR.
3 BUNNSACKERWEG
4 ARSTER WESERDEICH
5 WESERDEICHWANDERWEG
6 DREYER STR.
7 DEICHVERTEIDIGUNGSWEG
0,5KM
1,0KM
1,5KM
N
S

TOUR NR. 3
VON HABENHAUSEN NACH DREYE
18,5 KM / EINSTEIGER-GEEIGNET

LAGE:
Im Süden von Bremen, zwischen Habenhausen, Dreye und Ahausen.

ANFAHRT:
Die A 1 verlaßt Ihr am Kreuz Bremen-Arsten und folgt dem Zubringer Richtung Arsten/Flughafen. Den Zubringer an der ersten Ausfahrt verlassen und der Ausschilderung „Weserstadion" folgen. An der 3. Ampel rechts in die Habenhauser Landstraße, die nach einem Rechtsknick in die Habenhauser Dorfstraße übergeht. Dann biegt Ihr links Richtung „Weserwehr, Arge Wasserschleuse, Wasser- und Schiffahrtsamt" in die Wehrstraße. Auf der rechten Straßenseite findet Ihr Parkbuchten.

STRECKENCHARAKTER:
Mit Ausnahme der sanften Steigungen und Gefälle an den Deichüberquerungen ist die Strecke eben und immer asphaltiert. Meist skatet Ihr auf Rad- und Fußwegen, zum Teil auf Landwirtschaftswegen.

SPECIALS:
Nutzt die Nähe zum Werdersee. Bei schönem Wetter kann man hier toll schwimmen gehen. Wie Ihr zum Badestrand kommt, verrät Euch Tour Nr. 2.

TIP:
Ideale Strecke für's Ausdauertraining, auch, weil die Strecke nicht so stark von anderen genutzt wird. Die Tour verläuft überwiegend auf dem Deich, mit entsprechend weiten Ausblicken auf die Weser und Umgebung. Wem die 18,5 km nicht reichen, kann vom Startpunkt dieser Tour auch die Tour Nr. 1 beginnen, auch Tour Nr. 2 liegt ganz in der Nähe.

BESCHREIBUNG:
Vom Parkplatz aus geht es entlang der Wehrstraße bis Ihr auf die Straße „Habenhauser Deich" stoßt. Hier skatet Ihr auf einem gut asphaltierten Rad- und Fußweg nach rechts. Ignoriert alle Abzweigungen, denn Ihr rollt immer entlang des Habenhauser Deiches. Später wechselt die Straße ihren Namen und heißt nun „Arster Weserdeich". An der Gabelung bei km 2,8 folgt Ihr dem Arster Weserdeich nach links am Absperrpfosten vorbei. 100 m weiter rollt Ihr unter der A 1 hindurch, es geht immer weiter geradeaus. Bei km 4,5 rollt Ihr durch eine Brücke. Ab hier seid Ihr auf dem Weserdeichwanderweg und es geht ein kurzes Stück leicht bergab. Dann geradeaus über den Weideweg hinweg. An der nächsten Gabelung bei km 5,5 leicht links halten und durch eine Absperrung skaten. Nach 400 m rollt Ihr nach links den Deich herunter, über eine kreuzende Straße und wieder durch eine Absperrung erneut auf den Deich. Zur Linken liegt die „Alte Weser". Bei der nächsten Gelegenheit (km 6,8) skatet Ihr nach rechts den Deich wieder hinunter. Unten rollt Ihr 20 m entlang der Rieder Straße. Sofort nach links auf den Deichverteidigungsweg. Ihr folgt dem Straßenverlauf. Hinter einer Rechtskurve wechselt die Straße ihren Namen und heißt jetzt Ahauser Straße. Die Abzweige ignorierend folgt Ihr dieser Straße bis zum Ende, wo Ihr wieder auf die Rieder Straße trefft. Vorsichtig überqueren, drüben setzt Ihr dann Euren Weg nach rechts auf dem Rad- und Fußweg fort. Bei 9,5 km überquert den „Ahauser Wischdamm" und gleitet auf dem sehr gut asphaltierten Rad- und Fußweg parallel zur Rieder Straße. Ein Grünstreifen, später mit Bäumen, trennt Euren Weg von der Fahrbahn. Überquert die Sudweyher Straße geradeaus. Die kleinen Abzweige links liegen lassen bis km 11,7. Dort müßt Ihr vorsichtig die Straße überqueren. Kommt Euch diese Stelle bekannt vor, dann hat der Inline Guide seinen Dienst getan, denn ab hier rollt Ihr auf gleicher Strecke zum Ausgangspunkt dieser Tour zurück.

LESUM
RITTERHUDE
WASSERHORST
WUMMENSIEDE
START
RITTERHUDER HEERSTR.
DAMMSIEL
NIEDERBLOCKLAND
ORTSAMT
WÜMME
WUMMEN-
SIEDE
SCHLEUSE
NIEDER-
BLOCKLAND
N
S
RICHTUNG
BREMERHAVEN
SIEHE AUCH
TOUR NR. 5
BLOCKLANDER
HEMMSTR.
WALLER STR.
AS BR.-INDUSTRIEHAFEN
281
MASCHINENFLEET
OBERBLOCKLAND
27
OBER-
BLOCKLAND
BLOCKLAND
WALLER
FELDMARK-
SEE
SCHLEUSE
OSLEBSHAUSEN
KUHGRABENWEG
AM LEHESTER
DEICH
MITTELWEG
KUHGRABEN-
SEE
27
0,5KM
1,0KM
1,5KM
BREMEN
INNENSTADT

TOUR NR. 4
IM BLOCKLAND AN DER WÜMME
21,8 KM / EINSTEIGER-GEEIGNET

LAGE:
Nördlich von Bremen im Blockland.

ANFAHRT:
Ihr verlaßt Bremen über die A 27 und nehmt die Ausfahrt Bremen/Industriehafen. Es geht weiter Richtung Ritterhude. Noch bevor Ihr die Wümme überquert, findet Ihr auf der rechten Straßenseite Parkplätze. Hier könnt Ihr auch sofort starten.

STRECKENCHARAKTER:
100% guter bis sehr guter Asphalt. Und dazu noch ohne Steigungen und Gefälle. Hin- und Retour-Strecke auf einer Straße, die ausschließlich für den Anlieger-Verkehr freigegeben ist.

SPECIALS:
Die Tour selbst ist hier das Special. Einige Gastros liegen am Wegesrand. Bei km 8,3 könnt Ihr die Spezialität „Bremer Pinkel" testen und bei km 9,7 gibt's an einem Bauernhof Blockländer Naturalien wie Eier, Kartoffeln und verschiedenes Gemüse (vorausgesetzt, Ihr habt einen Rucksack dabei).

TIP:
Eine Traumstrecke für jeden Skater. Ideal für Fitness-Skater, aber auch für eine Spazierfahrt mit der Familie. Falls die Ausdauer nicht reicht, einfach früher kehrt machen. Leider ist die Tour entlang der Wümme kein Geheimtip und Ihr müßt Euch den Weg mit Spaziergängern, Radfahrern und anderen Skatern teilen. Wer also lieber seine Ruhe haben will, sollte unbedingt auf die Wochentage ausweichen. Wassergräben, Schilf und Wiesen bestimmen das Landschaftsbild. Weitere Strecken-Kombinationen sind mit Tour Nr. 5 möglich.

BESCHREIBUNG:
Ihr skatet am Parkplatz auf gutem Asphalt nach rechts los. Nach 800 m passiert Ihr auf der rechten Seite das Café Wummensiede. Den Abzweig bei km 1,6 einfach ignorieren. Nach 100 m erreicht Ihr die Schleuse. Den Weg bei km 1,8 rechts liegen lassen, es geht immer geradeaus weiter auf der Straße „Niederblockland". Zwischen km 3,6 und 4,2 ist der Straßenbelag ein wenig rauher. Auf der rechten Seite liegt bald das Ortsamt „Blockland". Etwa 500 m später erinnert eine Tafel an den Deichbruch vom Dezember 1880. Der Asphalt ist jetzt superglatt, Ihr gleitet nur so dahin. Wen der Hunger überfällt, der kann bei km 8,3 auf der rechten Seite die Gastro nutzen und die lokale Spezialität „Bremer Pinkel" probieren. Unsere Route führt jedoch weiter geradeaus, immer noch auf sehr gutem Asphalt. Links liegt schon bald ein Hof am Wegesrand, der alles anbietet, was das Blockland so hergibt. Wo Ihr auf die Schleuse „Kuhsiel" trefft, liegt links erneut eine Gastro. Wer mag, kann hier eine kurze Rast einlegen. Dann geht es auf gleichem Wege retour zum Parkplatz.

WÜMME
0,5KM
1,0KM
1,5KM
N
S
NIEDERBLOCKLAND
ORTSAMT
SCHLEUSE
NIEDER-
BLOCKLAND
DAMMSIEL
KLEINE WÜMME
WALLER STR.
BLOCKLANDER
HEMMSTR.
OBER-
BLOCKLAND
OBERBLOCKLAND
BLOCKLAND
SCHLEUSE
BLOCKLANDER
HEMMSTR.
WALLER
FELDMARK-
SEE
27
RICHTUNG
BREMERHAVEN
FAHRWIESEN-
DAMM
KUHGRABENWEG
SÜDWENJE
MITTELWEG
HOHWEG
KUHGRABEN-
SEE
WALLERSTR.
HOHWEG
DREIECK HB-
FREIHAFEN
6
TOUR A
HEMMSTR.
TOUR B
27
HOCHSCHUL-
RING
P
STADTWALD
SEE
HOCHSCHUL-
RING
IN DEN
HUFEN
START
HEMMSTR.
HAPPY SKATER
AUTOBAHN-
ZUBRINGER
FREIHAFEN
UTBREMER
RING
STADTWALD
SCHWACH-
HAUSEN
1 MITTELWISCHWEG
2 WIESENWEG
3 KUHKAMPSWEG
4 SALZBURGER STR.
5 KISSINGER STR.
6 INNSBRUCKER STR.

TOUR NR. 5
BLOCKLAND, STADTWALDSEE, KLEINE WÜMME
18 UND 20,1 KM / EINGESCHRÄNKT EINSTEIGER-GEEIGNET

LAGE:
Nördlich von Bremen im Blockland.

ANFAHRT:
Auf der A 27 bis zum Dreieck Bremen/Freihafen und auf die Straße Richtung Freihafen. Sofort rechts in Richtung Uni und Müllverbrennungsanlage abbiegen. Am ersten Abzweig geht es geradeaus über die Hemmstraße und ca. 100 m weiter fahrt Ihr nach rechts auf den ausgeschilderten Parkplatz am Stadtwaldsee.

STRECKENCHARAKTER:
Am Startpunkt könnt Ihr zwischen zwei Routenvorschlägen wählen. Tour A bietet 69% Asphalt, 20% rauhen Asphalt und 11% Verbundsteinpflaster. Tour B hat 73% guten Asphalt, 15% rauhen oder beschädigten Belag sowie 12% Pflaster. Beide Strecken sind durchgängig ebene Rundkurse. Ihr skatet auf Rad- und Fußwegen sowie auf wenig befahrenen Kfz-Straßen.

SPECIALS:
Es gibt einige Möglichkeiten zum Schlemmen, näheres erfahrt Ihr in der Beschreibung. Bademöglichkeiten im Stadtwaldsee und im Waller Feldmarksee. Interessant auch der Schleusenbetrieb „Dammsiel".

TIP:
Zwei tolle Touren in landschaftlich reizvoller Umgebung. Die Wümme, Wassergräben, Wiesen, Schilf und Schrebergärten bestimmen das Bild. Die Touren können auch mit Tour Nr. 4 individuell kombiniert werden. An sonnigen Tagen zieht dieses Gebiet viele Ausflügler an, vor allem an der Schleuse „Dammsiel" und an den Seen ist viel Betrieb.

BESCHREIBUNG:
Aus Platzgründen können wir den Verlauf der Strecken hier nur in knappen Stichpunkten beschreiben. Wir hoffen aber, daß Euch die Grafik auf der linken Seite vor Irrfahrten bewahrt.

Tour A (18 km):
An der Parkplatzeinfahrt geht's nach links. Noch vor der Brücke über den Hochschulring und geradeaus in die Blocklander Hemmstraße. Rechts liegt ein Tierheim. Bei km 0,6 unter der A 27 hindurch. Über eine kleine Brücke geht's ins Naturschutzgebiet. Rechts liegt bei km 1,2 eine Gastro. Am Wegesrand Schrebergärten und Wassergräben. Der Blocklander Hemmstraße immer geradeaus folgen bis zur T-Kreuzung bei km 7, dort dann nach links. 100 m weiter liegt rechts die Gastro „Dammsiel" mit Biergarten. Nach ca. 100 m trefft Ihr auf die gleichnamige Schleuse (41 x 6 m, ganz schön groß!). Bei km 7,3 geht's am Abzweig nach links auf die Waller Straße. Weiter entlang der kleinen Wümme, bis Ihr bei km 10,2 hinter einer Rechtskurve in ein Wiesengelände (rechts und links Kanal und Entwässerungsgräben) skatet. Bei km 11,4 rollt Ihr auf einer Brücke über den Maschinenfleet. Bei km 12,2 am Abzweig geradeaus. 200 m weiter nach links auf die Brücke, um die A 27 zu überqueren. Am ersten Abzweig nach links in den Wiesenweg. In einer Rechtskurve müßt Ihr dann geradeaus über eine kleine Brücke skaten. An der Kreuzung weiter geradeaus (Fahrwiesenweg). Am Abzweig rechts in den Hohweg. 2. Möglichkeit nach links in den Kuhkampsweg und über den Autobahnzubringer. An der T-Kreuzung nach der Brücke links. Wieder unter der Brücke und links in die Kissinger Straße bis zum Ende. Am Wendehammer über den Spielplatz, rechts halten, an der folgenden T-Kreuzung links (Innsbrucker Straße). An der Kreuzung links der Hemmstraße bis zum Ende folgen. An der letzten T-Kreuzung geht es dann noch einmal nach rechts (Hochschulring), nun skatet Ihr zum Parkplatz zurück.

Tour B (20,1 km):
Von der Parkplatzeinfahrt auf dem Rad- und Fußweg dem Hochschulring folgen bis km 2,3. Dort die Straße nach links überqueren und in den Kuhgrabenweg einbiegen. Links liegt die Gastro „Haus Wieseneck" mit Biergarten. Auf der Brücke die A 27 überqueren und der Straße bis zum Ende folgen. Dort an der Schleuse nach links abbiegen (Oberblockland). Rechts liegt die Gastro „Kuhsiel" mit Biergarten. 800 m weiter folgt auf der rechten Seite ein Hof mit Blockländer Spezialitäten. Bei km 6,6 kommt wieder eine Schlemmergelegenheit, wo man die lokale Spezialität „Kohl und Pinkel" testen kann. Immer dem Wege folgend erscheint bei km 9,1 eine Tafel, die an den Deichbruch 1880 erinnert. 500 m weiter liegt dann links das Ortsamt. Noch vor der Gastro (km 13,1) biegt Ihr am Abzweig nach links (geradeaus Abstecher zur Schleuse) in die Blocklander Hemmstraße. Wassergräben und Schrebergärten am Wegesrand. Bei km 18,9 folgt links eine Gastro. Immer auf dieser Straße bleibend, rollt Ihr unter der A 27 hindurch. 100 m hinter dem Tierheim trefft Ihr auf den Hochschulring, den Ihr auf dem markierten Fußweg überquert und nach links zum Parkplatz zurückrollt.

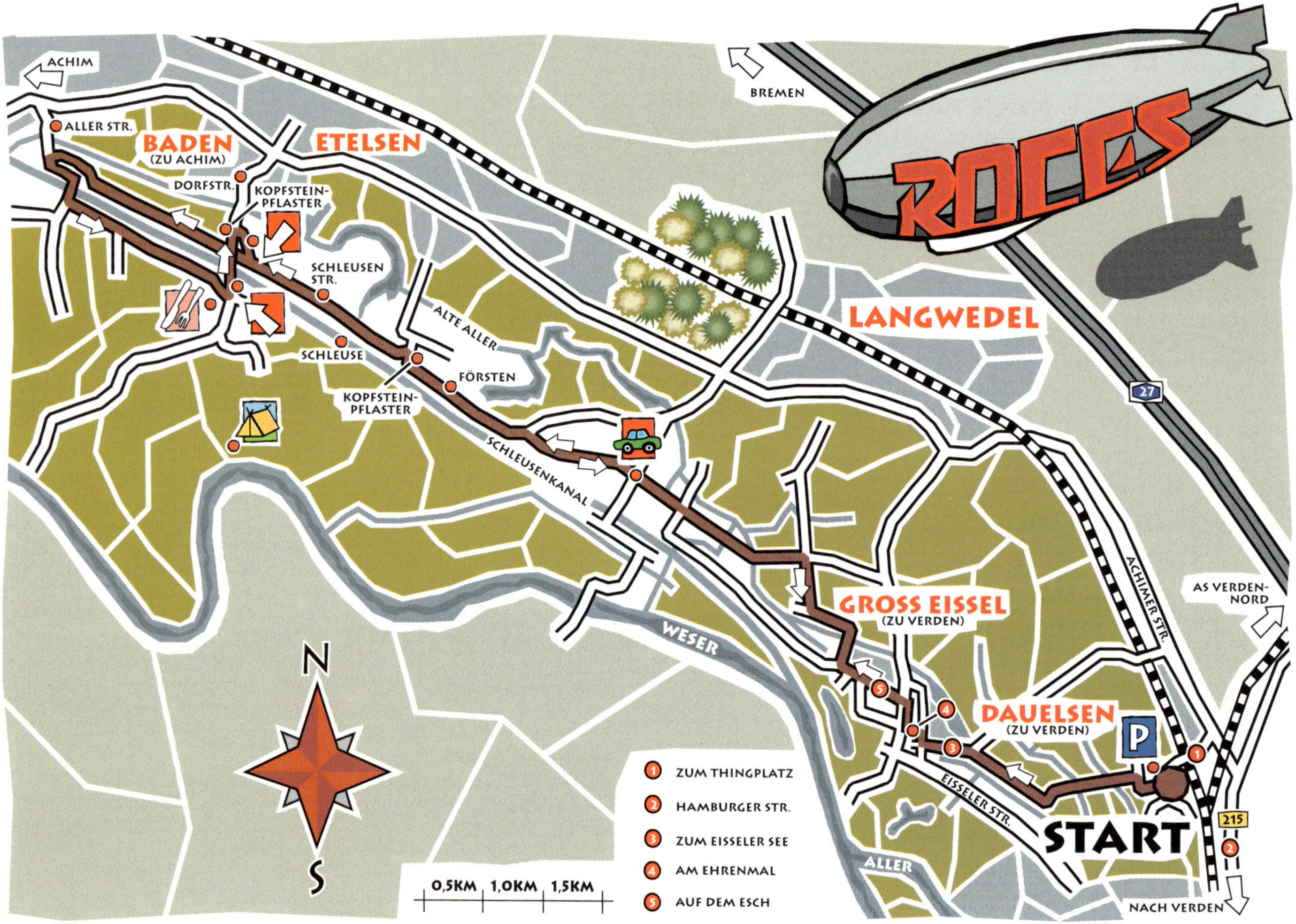
ROCCS
ACHIM
BREMEN
ALLER STR.
BADEN
(ZU ACHIM)
ETELSEN
DORFSTR.
KOPFSTEIN-
PFLASTER
SCHLEUSEN
STR.
SCHLEUSE
ALTE ALLER
FÖRSTEN
KOPFSTEIN-
PFLASTER
SCHLEUSENKANAL
LANGWEDEL
27
GROSS EISSEL
(ZU VERDEN)
WESER
DAUELSEN
(ZU VERDEN)
ACHIMER STR.
AS VERDEN-
NORD
EISSELER STR.
START
215
ALLER
NACH VERDEN
N
S
0,5KM
1,0KM
1,5KM
1 ZUM THINGPLATZ
2 HAMBURGER STR.
3 ZUM EISSELER SEE
4 AM EHRENMAL
5 AUF DEM ESCH

TOUR NR. 6
VON DAUELSEN NACH BADEN
24,2 KM / EINGESCHRÄNKT EINSTEIGER-GEEIGNET

LAGE:
Südöstlich von Bremen, zwischen Verden und Achim.

ANFAHRT:
Von der A 27 nehmt Ihr die Ausfahrt Verden-Nord. Weiter geht es auf der B 215 Richtung Nienburg und Verden. Fahrt nach Verden hinein und es geht hinter der 1. Ampel nach rechts Richtung Bremen auf die Achimer Straße. Ihr fahrt unter einer Eisenbahnbrücke hindurch und biegt dann links in die Straße „Zum Thingplatz". Ihr fahrt über eine Brücke, durch eine Linkskurve, dahinter liegt dann rechts ein unbefestigter Parkplatz.

STRECKENCHARAKTER:
99% guter bis sehr guter Asphalt, 1% Verbundsteinpflaster. Die Hin- und Retour-Strecke mit Mini-Rundkurs auf halber Strecke skatet Ihr zum größten Teil auf Landwirtschaftswegen und ruhigen Nebenstraßen. Besondere Aufmerksamkeit ist bei der Brückenüberquerung ab km 13,7 geboten. Der Belag unter Euch ist dort nicht so toll, außerdem geht es zunächst bergauf und dann bergab.

SPECIALS:
Eine Gastro erreicht Ihr erst bei km 13,6. Bei dieser Streckenlänge solltet Ihr also unbedingt Getränke im Rucksack haben. Auch ein Snack vor der Rückfahrt könnte für ein bißchen mehr Schwung sorgen.

TIP:
Ideale Tour für Fitness-Skater, die an ihrer Kondition arbeiten wollen. Da die Tour weder einen schönen Meerblick noch andere Besonderheiten zu bieten hat, trefft Ihr nur vereinzelt auf Radfahrer, Skater oder Spaziergänger. Zur Landschaft kann nur gesagt werden: Mehr grün geht nicht! Also tief durchatmen und entspannt durch die Natur gleiten. Viel Spaß!

BESCHREIBUNG:
Vom Parkplatz aus rollt Ihr auf gut asphaltierter, öffentlicher, aber ruhiger Straße nach rechts in ein kleines Wäldchen hinein. Ihr skatet durch eine 90°-Rechtskurve. Hinter der Kurve müßt Ihr dann links abbiegen und rollt bald über zwei kleine Brücken. Dann geht es durch eine Links-Rechts-Kombination. An der T-Kreuzung bei km 1,8 müßt Ihr erneut nach links. 400 m weiter skatet Ihr nach rechts, dann 100 m rollen und links abbiegen, die Straße heißt „Am Ehrenmal". Wieder 100 m weiter skatet Ihr an der T-Kreuzung nach rechts auf den Rad- und Fußweg auf der rechten Seite. Der Weg ist durch einen Grünstreifen von der Fahrbahn getrennt. Bei km 2,6 überquert Ihr die Straße und biegt nach links ab („Auf dem Esch"). Ihr folgt der Ausschilderung des Radweges Richtung Achim. An der Gabelung skatet Ihr nach rechts. Entlang von Wassergräben geht es erst durch eine Linkskurve, 300 m weiter durch eine Rechtskurve. Bei km 4,2 (Wiesen weit und breit!) stoßt Ihr an eine Kreuzung, rollt nach links und folgt den Schildern „Intschede/Cluvenhagen". Der Asphalt unter Euch ist traumhaft gut. Ihr überquert bei km 5,4 eine Kreuzung geradeaus. An der nächsten Kreuzung trefft Ihr auf die Hauptstraße, überquert sie vorsichtig und rollt geradeaus auf der linken Seite weiter. Nach einem weiteren Kilometer biegt Ihr an der Gabelung nach links ab. Hinter km 8 rollt Ihr durch eine starke Rechtskurve, dahinter folgt ca. 50 m Kopfsteinpflaster. Hinter dem Pflasterstück links abbiegen. Den Schildern des Radweges nach Achim folgen. Ihr rollt über eine asphaltierte Anliegerstraße. Hinter der Schleusenanlage wird der Asphalt noch glatter. Bei km 9,9 laßt Ihr den Abzweig rechts liegen und rollt geradeaus unter einer Brücke hindurch. Ihr gleitet nun ca. 1,5 km am Kanal entlang, dann geht es durch eine Rechtskurve und an der folgenden T-Kreuzung nach links. Es geht auf der Brücke über den Schleusenkanal. Am Abzweig hinter der Brücke bei km 12 skatet Ihr nach links und parallel zum Kanal. Am Ende der Straße findet Ihr an der Kreuzung auf der rechten Seite eine Gastro. Ihr biegt nach links, rollt 100 m über „Hoppelpflaster" eine Steigung auf die Brücke hinauf. Das Gefälle auf der anderen Seite wird leider durch erneutes „Hoppelpflaster" zusätzlich erschwert, also aufgepaßt.
Im 180°-Winkel skatet Ihr am Abzweig nach rechts und 200 m weiter gelangt Ihr wieder nach links und auf bekanntem Wege zurück zum Startpunkt.

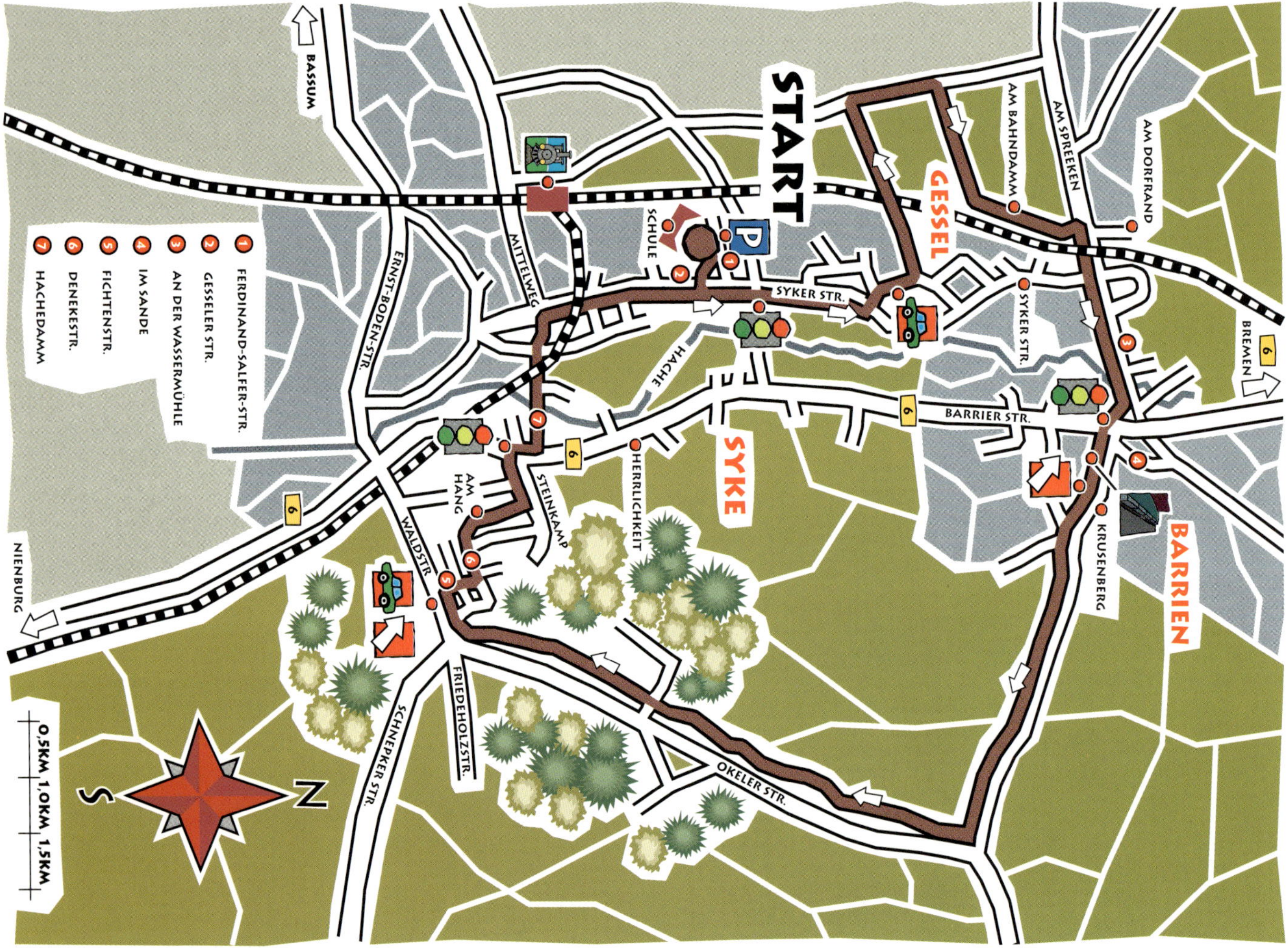

START
GESSEL
SYKE
BARRIEN
BASSUM
BREMEN
NIENBURG
SCHULE
P
MITTELWEG
ERNST-BODEN-STR.
SYKER STR.
HACHE
BARRIER STR.
AM HANG
STEINKAMP
HERRLICHKEIT
WALDSTR.
FRIEDEHOLZSTR.
SCHNEPKER STR.
OKELER STR.
KRUSENBERG
AM BAHNDAMM
AM SPREEKEN
AM DORFRAND
6
1 FERDINAND-SALFER-STR.
2 GESSELER STR.
3 AN DER WASSERMÜHLE
4 IM SANDE
5 FICHTENSTR.
6 DENEKESTR.
7 HACHEDAMM
0,5KM 1,0KM 1,5KM
S
N

TOUR NR. 7
ZWISCHEN SYKE UND BARRIEN
12,8 KM / EINGESCHRÄNKT EINSTEIGER-GEEIGNET

LAGE:
Südlich von Bremen.

ANFAHRT:
Die A 1 an der Abfahrt Bremen/Brinkum verlassen und auf der B 6 weiter Richtung Syke. Ca. 700 m hinter dem Ortseingang von Barrien folgt Ihr der Ausschilderung „TÜV/ Jugendherberge/Nordwohlde" nach rechts. An der ersten Möglichkeit nach links in die Gesseler Straße abbiegen. Sofort nach rechts in die Ferdinand-Salfer-Straße. Parkplätze findet Ihr nach wenigen Metern am Schulgebäude.

STRECKENCHARAKTER:
74% Asphalt, 25% Verbundsteinpflaster und ein kurzes Stück Betonplatten. Auf diesem Rundkurs gibt es zwei nennenswerte Steigungen, die aber auch für Einsteiger noch zu schaffen sind. Ansonsten nur ab und zu einige sanfte Hügel. Ihr rollt auf Rad- und Fußwegen, die häufig durch Grünstreifen von der Fahrbahn getrennt sind und auf Landwirtschaftswegen.

SPECIALS:
Syke hat zwar ein Freibad zu bieten, aber gegen Hunger und Durst hilft nur ein gut gefüllter Rucksack.

TIP:
Tolle Strecke für Freizeit-Skater, die ein bißchen Abwechslung im Routenverlauf und im Lanschaftsbild mögen. Diese Tour bietet ein wenig von allem: Es geht durch bebautes Gebiet, aber auch durch Wald-, Wiesen- und Feldlandschaft. Die fehlenden Specials auf dieser Tour haben den Vorteil, daß wenig los ist.

BESCHREIBUNG:
Vom Parkplatz aus skatet Ihr zunächst auf dem gepflastertem Fußweg zurück zur Gesseler Straße. Diese überquert Ihr vorsichtig und rollt dann auf einem sehr gut asphaltierten Rad- und Fußweg nach links. Ihr trefft nach 100 m auf eine Kreuzung, überquert an der Ampel die Hauptstraße und rollt geradeaus weiter. In einer Rechtskurve bei ca. 0,8 km müßt Ihr die Straßenseite wechseln und drüben in die kleine Nebenstraße rollen. An der Gabelung haltet Ihr Euch rechts und folgt den Schildern R11 und R12. Nach etwa 200 m skatet Ihr nach links. Benutzt den linken Fußweg. Es geht über eine Brücke und ca. 600 m weiter an der T-Kreuzung nach rechts, dann an der nächsten Möglichkeit erneut nach rechts. Hinter einer Linkskurve nach insgesamt 3,2 km verläuft die Strecke parallel zu den Geleisen. Hinter einer Links-Rechts-Kombination trefft Ihr auf die Straße „Am Spreeken" und rollt dort auf dem Rad- und Fußweg nach rechts. Es geht auf Betonplatten unter einer Brücke hindurch. Überquert dann die Syker Straße und skatet geradeaus auf tollem Asphalt nach Barrien hinein. Es folgt erneut eine Brücke, diesmal jedoch skatet Ihr darüber. Dann geht es am Parkplatz einer Schule vorbei und noch vor der Unterführung der nächsten Kreuzung skatet Ihr nach rechts. Kurz darauf müßt Ihr an der Ampel der B 6 überqueren und geradeaus dem Rad- und Fußweg Richtung Verden folgen. Nach 100 m biegt Ihr rechts in den „Krusenberg" und skatet auf dem Bürgersteig der rechten Seite etwa 400 m stetig bergauf.
Die Abzweigungen einfach ignorieren, Ihr rollt auf erstklassigem Asphalt eines Rad- und Fußweges geradeaus bis zu einer T-Kreuzung. Dort dann rechts abbiegen. Auf dem Rad- und Fußweg geht es durch ein Waldgebiet, der Weg ist jetzt welliger und kurvenreicher. Ihr skatet entlang der Okeler Straße bis zu ihrem Ende. An der Kreuzung bei km 9,5 rollt Ihr auf dem gepflasterten Rad- und Fußweg nach rechts parallel zur Waldstraße. Dann biegt Ihr an der zweiten Möglichkeit nach rechts und seid in der Fichtenstraße. Jetzt skatet Ihr immer schön bergauf durch eine Tempo-30-Zone.
An der Straße „Am Hang" habt Ihr die Steigung geschafft. Dort nach links bis zur nächsten T-Kreuzung, hier wieder links und dem gepflasterten Fußweg bis zur „Herrlichkeit" folgen. Diese an der Fußgängerampel überqueren, auf der anderen Seite nach rechts weiter. Die Straße „Am Feuerwehrturm" überqueren. Die nächste Straße dann nach links auf den Hachedamm rollen. Ihr könnt zwischen dem Gehweg der rechten oder linken Straßenseite wählen. Es geht geradeaus erst auf einer Brücke über ein Flüßchen, danach über Bahngeleise, bis die Gesseler Straße Euren Weg kreuzt. Ihr rollt nach rechts und müßt noch einmal über Geleise stolpern. Aber ca. 200 m hinter den Geleisen habt Ihr wieder tollen Asphalt unter Euch. Nun müßt Ihr drei kleinere Nebenstraßen überqueren, dann könnt Ihr schon bald wider das Schulgebäude auf der linken Seite entdecken. Wie zu Beginn der Tour überquert Ihr die Gesseler Straße. Nun sind es nur noch 100 m, und Ihr habt den Parkplatz wieder erreicht.

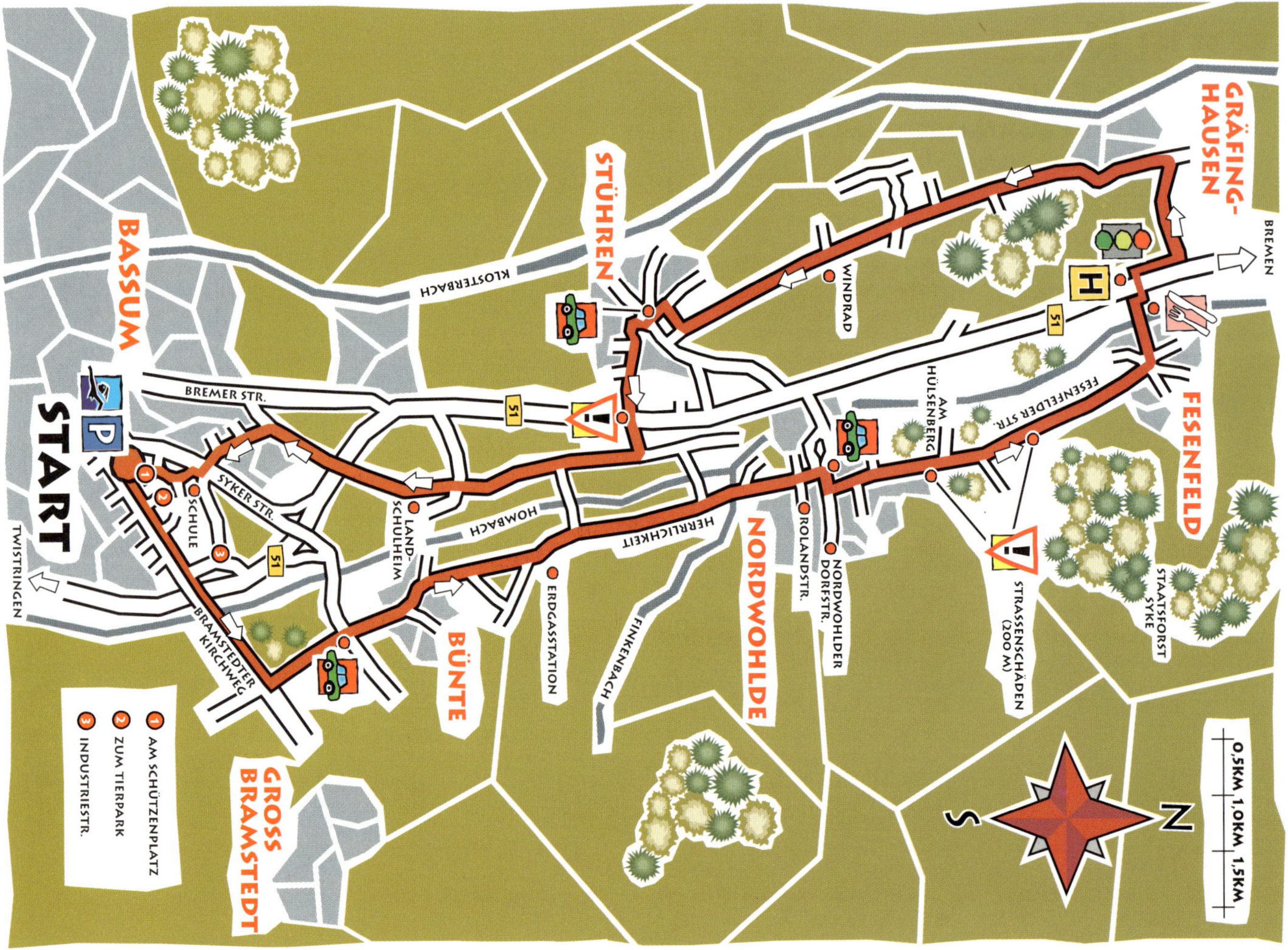
BASSUM
START
STÜHREN
GRÄFING-HAUSEN
FESENFELD
NORDWOHLDE
BÜNTE
GROSS BRAMSTEDT
BREMEN
TWISTRINGEN
KLOSTERBACH
BREMER STR.
SYKER STR.
51
SCHULE
LAND-SCHULHEIM
HOMBACH
HERRLICHKEIT
ERDGASSTATION
FINKENBACH
ROLANDSTR.
NORDWOHLDER DORFSTR.
AM HÜLSENBERG
WINDRAD
FESENFELDER STR.
STRASSENSCHÄDEN (200 M)
STAATSFORST SYKE
BRAMSTEDTER KIRCHWEG
H
P
1 AM SCHÜTZENPLATZ
2 ZUM TIERPARK
3 INDUSTRIESTR.
0,5KM 1,0KM 1,5KM
S
N

TOUR NR. 8
VON BASSUM RICHTUNG NORDEN
23,7 KM / FÜR FORTGESCHRITTENE

LAGE:
Südlich von Bremen. Sie beginnt in Bassum und führt Euch Richtung Norden.

ANFAHRT:
Auf der A 1 bis zur Abfahrt Delmenhorst-Ost. Dort auf die B 322 Richtung Syke. Hinter Groß-Mackenstedt geht es auf der B 439 Richtung Diepholz und Bassum weiter. Trefft Ihr dann auf die B 51, folgt dieser nach rechts Richtung Bassum. Bei der Ausschilderung zum Sportzentrum „Bassum und Syke" verläßt Ihr die B 51 und fahrt an der T-Kreuzung nach rechts. An der 4. Möglichkeit nach links Richtung Hallenbad einbiegen und die nächste Straße erneut links. Parkplätze gibt es am Hallenbad.

STRECKENCHARAKTER:
88% guter bis sehr guter Asphalt, 5% rauher Asphalt, Rest Verbundsteinpflaster. Durchgängig ebener Rundkurs. Ihr skatet auf Rad- und Fußwegen, Bürgersteigen, aber auch auf öffentlichen Straßen. Es gibt mehrere Straßenüberquerungen.

SPECIALS:
Ein Hallenbad liegt direkt am Startpunkt. Bassum hat außerdem noch ein Freibad zu bieten. Direkt an der Strecke liegt bei km 11,1 das alte Rasthaus „Schilfdach", rustikale Küche wird geboten und leckerer hausgebackener Kuchen (montags Ruhetag). Denkt bei dieser Streckenlänge an Getränke im Rucksack.

TIP:
Tolle Strecke für Fitness-Skater, die etwas für Ausdauer und Kondition tun wollen. Idyllische Route durch's Grüne.

BESCHREIBUNG:
Von der Einfahrt des Parkplatzes aus rollt Ihr nach links auf den Fußweg der linken Seite des Bramstedter Kirchwegs. Ihr skatet geradeaus, überquert die Straßen „Am Schützenplatz" und „Am Tierpark" und die Einfahrt zur Grundschule. 100 m weiter beginnt ein kombinierter Rad- und Fußweg parallel zur Straße. Ihr überquert die Industriestraße, rollt über eine Brücke und erreicht den Ortsausgang von Bassum. Bei km 2,1 endet der gut asphaltierte Weg und Ihr skatet nach links auf öffentlicher, aber ruhiger Strecke. Nach 900 m trefft Ihr auf eine stark befahrene Straße. Diese vorsichtig überqueren und es geht weiter geradeaus. Ihr rollt in einer Links-Rechts-Kombination durch das kleine Örtchen Bünte hindurch und skatet dann immer dem Straßenverlauf folgend über die „Herrlichkeit" geradeaus. Alle Abzweigungen ignorieren. Bei km 4,9 liegt rechts eine Erdgasstation, bei km 6,6 bringt Euch dann eine Brücke über den Finkenbach. Nach 400 m rollt Ihr in Nordwohlde ein. Hier überquert Ihr zunächst geradeaus die Rolandstraße und trefft dahinter auf eine abknickende Vorfahrtstraße. Erst vorsichtig die Nordwohlder Dorfstraße überqueren, dann geht es auf dem gepflasterten Weg nach rechts weiter. Gleich bei der nächsten Möglichkeit skatet Ihr links auf die Fesenfelder Straße, auf der wenig Verkehr herrscht. Ihr verläßt Nordwohlde. Wo dann ein Waldstück beginnt, müßt Ihr aufmerksam nach unten schauen - Straßenschäden drosseln Euer Tempo für etwa 200 m. Auch 1 km weiter müßt Ihr auf Schönheitsfehler im Belag achten. Nach insgesamt 10,5 km gelangt Ihr an eine Kreuzung, von der insgesamt 6 Wege abführen. Ihr skatet im rechten Winkel nach links und folgt dem kleinen Schild „Geestweg". Ihr rollt über eine kleine Brücke und trefft nach 0,8 km nach rechts bis zur Ampel. Nutzt diese, um auf der anderen Straßenseite auf dem Rad- und Fußweg nach rechts zu rollen. Es folgen ca. 30 m Betonplatten, danach kommt wieder toller Asphalt. Ihr skatet am ersten Abzweig nach links und laßt die vielbefahrene und lärmende Straße hinter Euch. Ihr rollt nach Gräfinghausen und an der Gabelung bei km 12,6 nach links und folgt so weiterhin der wenig befahrenen öffentlichen Straße. Bei km 16 passiert Ihr das Windrad. Gleich hinter dem Ortseingang von Stühren rollt Ihr nach rechts und kurz darauf an der T-Kreuzung nach links. Dann vorsichtig die Hauptstraße überqueren. Ihr müßt Euch für die nächsten 20 m die Straße leider mit den Pkw-Fahrern teilen, aber es geht sofort wieder links in eine sehr wenig befahrene Straße. Ihr verläßt Stühren und rollt bei km 18,3 zum zweitenmal an die B 51. Diese vorsichtig überqueren (keine Ampel!), dann geht es für 400 m auf sehr gutem Asphalt geradeaus. Haltet Euch an der T-Kreuzung rechts. Nun immer geradeaus, laßt links ein Landschulheim liegen, skatet über eine Brücke und haltet Euch an der nächsten Gabelung links. Diesem Weg folgen bis zur Syker Straße. Ihr überquert sie vorsichtig und skatet auf dem Rad- und Fußweg nach rechts. Kurz darauf biegt Ihr nach links ab und rollt auf dem Fußweg der linken Seite gegen die Fahrtrichtung der Einbahnstraße. Hinter dem Schulgebäude skatet Ihr links in die Straße „Am Schützenplatz", an deren Ende Ihr auf der rechten Seite wieder den Parkplatz erreicht.

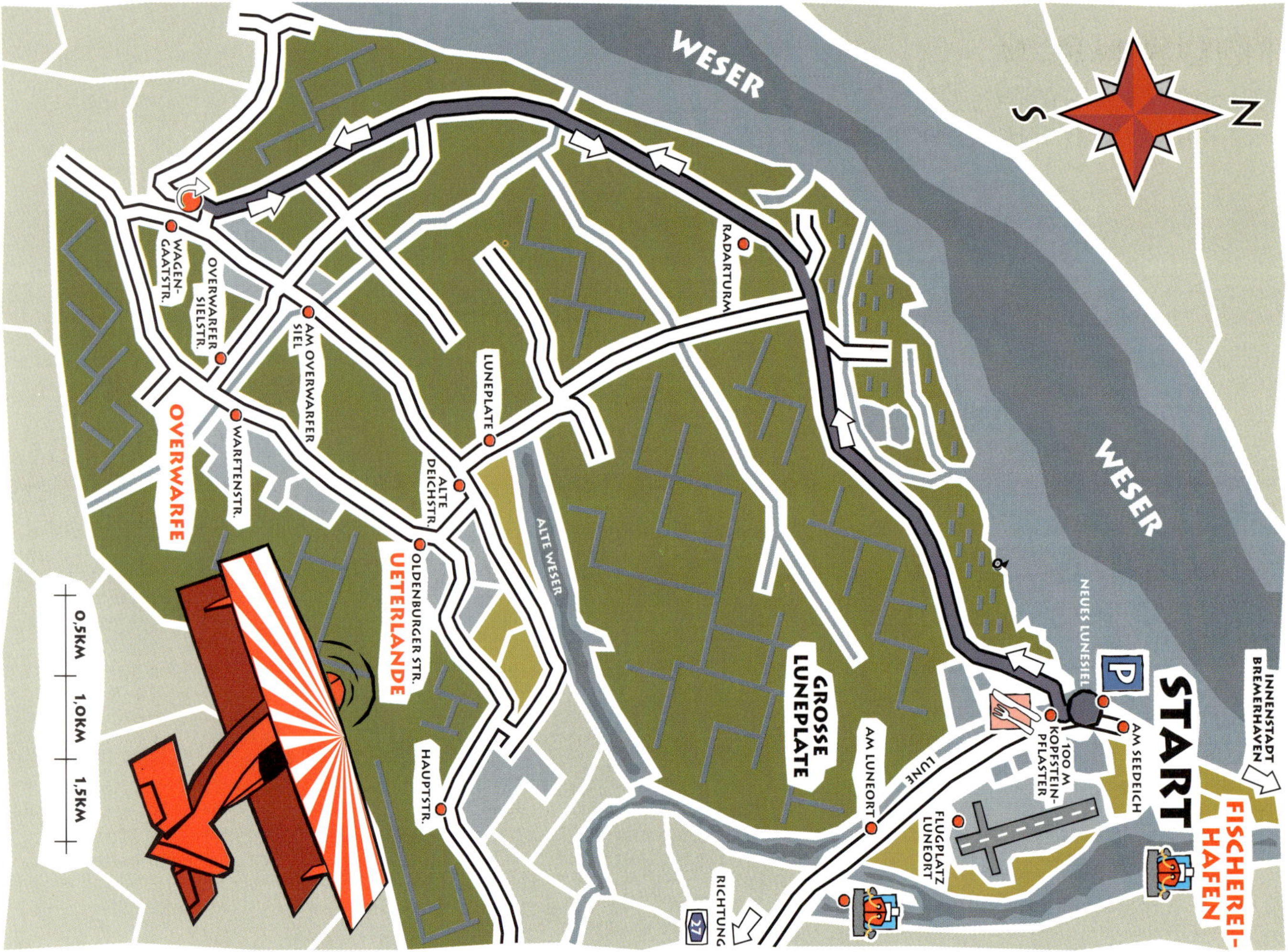
WESER
S
N
WESER
RADARTURM
WAGEN-GAATSTR.
OVERWARFER SIELSTR.
AM OVERWARFER SIEL
LUNEPLATE
ALTE DEICHSTR.
OVERWARFE
WARFTENSTR.
UETERLANDE
OLDENBURGER STR.
HAUPTSTR.
ALTE WESER
GROSSE LUNEPLATE
NEUES LUNESIEL
P
START
INNENSTADT BREMERHAVEN
AM SEEDEICH
100 M KOPFSTEIN-PFLASTER
AM LUNEORT
LUNE
FLUGPLATZ LUNEORT
FISCHEREI-HAFEN
RICHTUNG
27
0,5KM
1,0KM
1,5KM

TOUR NR. 9
DIE GROSSE LUNEPLATE
14,4 KM / EINSTEIGER-GEEIGNET

LAGE:
Südlich von Bremerhaven.

ANFAHRT:
Die A 27 an der Abfahrt Bremerhaven-Süd verlassen und weiter Richtung Bremerhaven. Hinter dem Ortseingang an der ersten Ampelanlage nach links Richtung Flughafen abbiegen. An der nächsten Möglichkeit fahrt Ihr wieder links in die Straße „Am Luneort". Es geht am Flughafen und an der Gaststätte „Neues Lunesiel" vorbei. Etwa 100 m hinter der Gastro gibt es auf der linken Seite einen Parkplatz. Wer nach dem Skate-Ausflug die Gaststätte besuchen möchte, kann auch auf dem dortigen Parkplatz das Auto abstellen.

STRECKENCHARAKTER:
Diese Hin- und Retour-Strecke skatet Ihr auf durchgängig ebenen, zum Teil sehr gut asphaltierten Land- und Forstwirtschaftswegen. Zu Beginn der Tour gibt es 100 m Kopfsteinpflaster und zwischen km 5,2 und 5,7 rollt Ihr über Betonplatten.

SPECIALS:
Die Gaststätte „Neues Lunesiel" zu Beginn der Tour bietet die für diese Gegend typische Küche: vom Rollmops über Matjes und Schollenfilets bis zur Schlachtplatte. Für alle eine Empfehlung, die sich sofort nach der Tour wieder stärken wollen.

TIP:
Ihr habt bei dieser Tour den Deich immer an Eurer Seite. Ansonsten prägen Wiesen und Entwässerungsgräben das Bild. Zwar hat die Tour keine Besonderheiten zu bieten, dafür ist sie aber sehr wenig frequentiert und daher ideal für Anfänger, die erst noch ein bißchen üben wollen.

BESCHREIBUNG:
Vom Parkplatz aus skatet Ihr zunächst auf der Straße „Am Luneort" ein kurzes Stück in die Richtung, aus der Ihr mit dem Pkw gekommen seid, und zwar genau bis zur Gastro „Neues Lunesiel". Ihr beginnt die Tour auf Kopfsteinpflaster und rollt unter dem Vorbau der Gaststätte hindurch. 50 m weiter passiert Ihr das Lunesiel. Bis hierher hat der Asphalt zwar noch ein paar Schönheitsfehler, nun geht es aber auf immer besser werdendem Belag weiter. Bei km 1,2 skatet Ihr durch eine Linkskurve und nach fast einem Kilometer durch eine Rechtskurve. Bei km 2,9 gibt es dann einen Abzweig nach links, den Ihr einfach ignoriert. Zwei Wege führen dann nach rechts auf den Deich hinauf. Wer mag, kann an dieser Stelle die Gelegenheit nutzen und einen Blick über den Deich auf die Weser werfen. Unsere Strecke führt aber weiter geradeaus auf sehr gutem Asphalt. Bei km 3,3 liegt links von Euch ein Radarturm. Wenn Ihr dann bei km 4,8 links ein Gehöft passiert, hat der Belag unter Euch Schäden und es wäre besser, dort öfter mal nach unten zu schauen. Etwa 400 m hinter dem Gehöft skatet Ihr bis km 5,7 über Betonplatten. Diese sind an 3-4 Stellen leicht beschädigt, dennoch rollt es sich ganz gut. Wo die Betonplatten enden, skatet Ihr am Abzweig geradeaus, jetzt wieder auf tollem, glatten Asphalt. Am nächsten Abzweig bei km 6,5 behaltet Ihr weiterhin Eure Richtung bei. Kurz darauf solltet Ihr wieder häufiger den Blick nach unten richten, denn hier ist der Belag stellenweise schadhaft. Links liegt bei km 7,2 ein Gehöft, Ihr rollt daran vorbei und habt nun den Wendepunkt der Tour erreicht. Der weitere Weg über den Damm und auf die Tegeler Plate endet hier, bzw. er ist ab hier gesperrt. Es geht auf gleicher Strecke zurück zum Auto.

300 M
600 M
900 M
S
N
NORDSEE
NATIONALPARK
NIEDERSÄCHSISCHES
WATTENMEER
ANSCHLUSS AN
TOUR NR. 11
P
DEICHVER-
TEIDIGUNGSSTR.
START
WREMEN
WINDPARK
OCHSEN-
TURM
IMSUM
AS-DEBSTEDT
27

TOUR NR. 10
VON WREMEN ZUM OCHSENTURM
10 KM / EINSTEIGER-GEEIGNET

LAGE:
Nördlich von Bremerhaven an der Wurster Küste.

ANFAHRT:
Über die A 27 fahrt Ihr an Bremerhaven vorbei. An der Ausfahrt Debstedt verlaßt Ihr die A 27 und folgt der Ausschilderung Richtung Debstedt/Wremen. In Wremen fahrt Ihr links nach Bremerhaven/Strand. Kurz drauf dann rechts nach Strand/Wremertief. Links vor dem Deich liegt der Parkplatz (zur Badesaison 3 DM Gebühr).

STRECKENCHARAKTER:
Hin- und Retour-Strecke auf einer für den Pkw-Verkehr gesperrten Straße. Durchgängig ebene Strecke auf tollem Asphalt. Anschluß an Tour Nr. 11 möglich.

SPECIALS:
Nach der Tour laden die Strandanlagen von Wremen zu einem Besuch ein: Badestrand, Strandhalle, Minigolf, Campingplatz und Kutterhafen liegen nur einen Katzensprung vom Parkplatz entfernt. Im kleinen Örtchen Wremen gibt es natürlich auch einige empfehlenswerte Gastros, so z.B. den „Meeresfrieden" und das älteste Gasthaus Norddeutschlands („Zur Börse"). Oder lieber ein Krabbenbrötchen beim „Böger"? Oder ein Eis im Eiscafé „Dahl"?

TIP:
Ideale Strecke für Familienausflüge: toller Asphalt, ebene Strecke ganz ohne Autoverkehr. Der Deich auf der einen Seite und die satten Wiesen gegenüber bestimmen das Landschaftsbild. Die Wiesen, vor allem auf der ersten Streckenhälfte, werden im Sommer von grasenden Kühen bevölkert, von denen sich auch vereinzelte mal auf Euren Weg verirren können. Optimale Trainingsstrecke auch für Speed-Skater, allerdings ausschließlich an Wochentagen und dann auch nur vormittags. Die Tour ist bei Freizeitaktivisten sehr beliebt, ob Skater, Biker, Jogger oder Spaziergänger. Im Sommer zieht es außerdem viele Sonnenhungrige an den Badestrand in Wremen.

BESCHREIBUNG:
Los geht's vom Parkplatz aus auf sehr gutem Asphalt nach links auf die Deichverteidigungsstraße. Rechts von Euch liegt der Deich. Nach 500 m zweigt ein Weg nach links ab. Diesen müßt Ihr ignorieren, Ihr rollt geradeaus durch ein Tor hindurch. Auch am nächsten Abzweig weiterhin geraden Kurs halten. Bis km 2 rollt Ihr nun an insgesamt drei Deichauffahrten vorbei. Dann führen im Abstand von etwa 300 m zwei Wege nach links. Sie sind durch Tore von Eurem Weg getrennt. Beachtet sie nicht, denn Eure Strecke verläuft weiter parallel zum Deich. Bei km 2,9 müßt Ihr erneut durch ein Tor und Ihr seht schon auf der linken Seite den Windpark. Einen Kilometer weiter steht links der sagenumwobene Ochsenturm. Seinen Namen hat der Turm einem Konflikt zwischen den Bewohnern aus Imsum und Dingen zu verdanken, denn im Streit um den Standort des Turmes mußten 2 Ochsen gegeneinander antreten. Entlang des Deiches skatet Ihr weiter bis Ihr bei km 5 an das Ende des gut asphaltierten Weges und außerdem an die Landesgrenze Bremen-Niedersachsen gelangt. Dort stoßt Ihr auf zwei Tore, die den Weg geradeaus und nach links für Pkw's versperren. An dieser Stelle habt Ihr den Wendepunkt erreicht und rollt nun, den Deich immer zur Rechten, die 5 km wieder zurück zum Startpunkt.

56

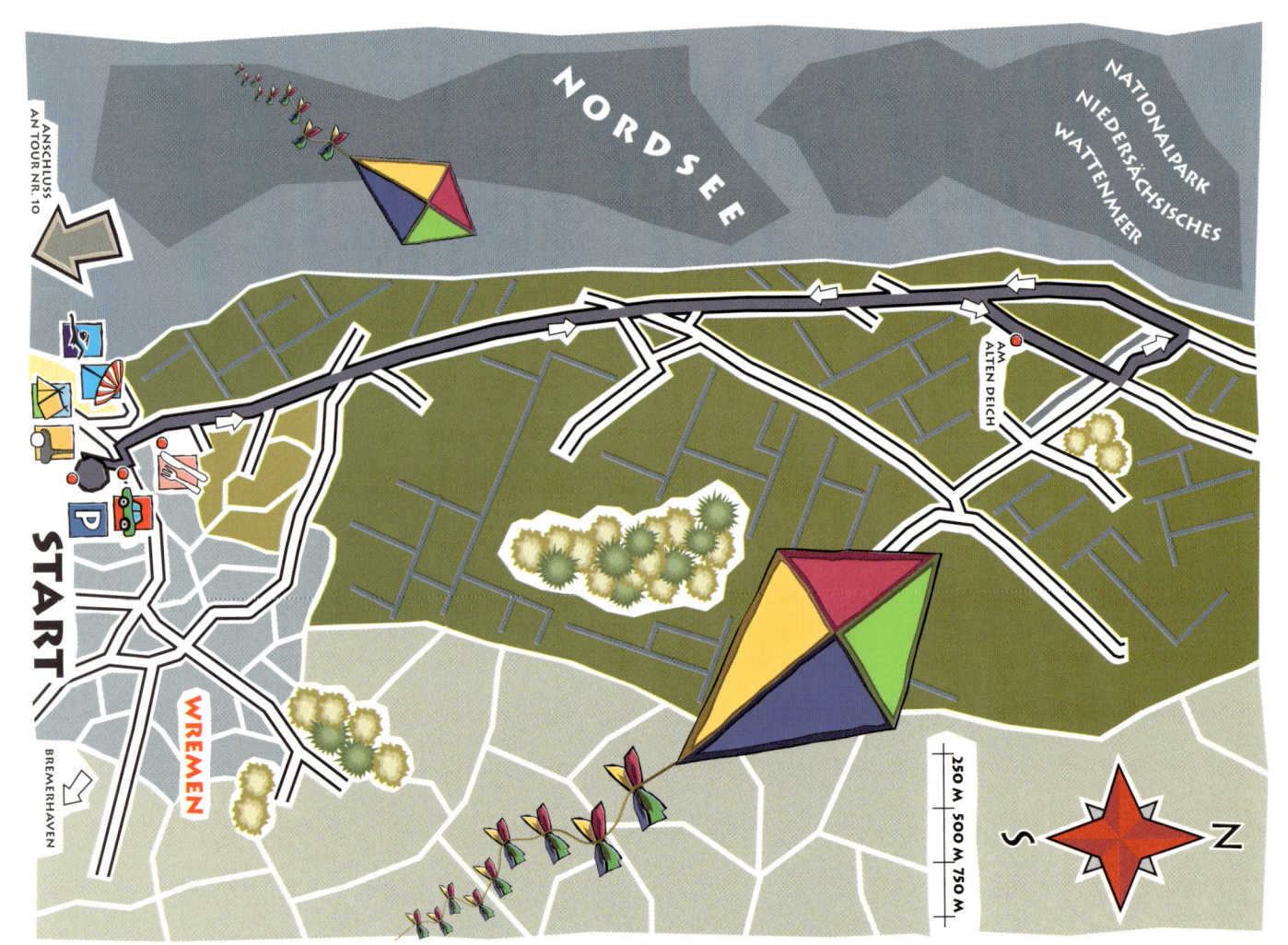

TOUR NR. 11
VON WREMEN RICHTUNG NORDEN
12 KM / EINSTEIGER-GEEIGNET

LAGE:
Nördlich von Bremerhaven, westlich von Dorum an der Wurster Küste.

ANFAHRT:
Über die A 27 fahrt Ihr an Bremerhaven vorbei. An der Ausfahrt Debstedt (Nr. 5) verlaßt die A 27 und folgt der Ausschilderung Richtung Debstedt/Wremen. In Wremen angekommen fahrt Ihr links Richtung Bremerhaven/Strand. Kurz dahinter geht es nach rechts Richtung Strand/Wremertief. Links vor dem Deich liegt der Parkplatz (zur Badesaison 3 DM Gebühr).

STRECKENCHARAKTER:
Bei dieser Hin- und Retour-Strecke skatet Ihr immer auf öffentlicher, aber wenig befahrener Straße. 67% dieser durchgängig ebenen Tour führen über guten Asphalt, 33% über Betonplatten.

SPECIALS:
„Die Wremer Fischstuben", 400 m hinter dem Startpunkt, bieten sich nach getaner Arbeit zum Schlemmen an (weitere Gastros in der Nähe findet Ihr bei Tour Nr. 10). Wer im Sommer schwimmen möchte, muß am Startpunkt nur den Badegästen über den Deich folgen. Hinter dem Deich liegen außerdem Strandhalle, Minigolfanlage, Campingplatz und der idyllische Hafen von Wremen.

TIP:
Der Deich und die Wiesen bestimmen das Landschaftsbild, es gibt nur wenig Bebauung am Wegesrand. Immer wieder gibt es Abstechermöglichkeiten auf den Deich mit schönen Ausblicken auf das Niedersächsische Wattenmeer. Die ortsansässigen Skater genießen diese Strecke gerne an ruhigen und trockenen Herbst- und Frühjahrstagen. Wenn im Sommer Badegäste, Spaziergänger, Biker und Jogger einfallen, solltet Ihr das Slalomfahren gut beherrschen, mit der Ruhe ist es dann natürlich auch vorbei. Familien mit Kindern sollten diese Tour wegen den öffentlichen Straßen lieber meiden. Eine Alternative bietet die Tour Nr. 10 mit gleichem Startpunkt. Für Langstrecken-Skater ist eine Kombination beider Strecken interessant (insgesamt 22 km).

BESCHREIBUNG:
Auf gutem Asphalt rollt Ihr von der Parkplatzeinfahrt nach rechts. Nach 100 m am ersten Abzweig müßt Ihr auf den gepflasterten Fußweg der rechten Straßenseite nach links abbiegen. Skatet an der nächsten Gelegenheit auf gutem Asphalt nach rechts. Nach 200 m liegt rechts am Wegrand eine Gastro. Ihr rollt immer geradeaus und ignoriert mehrere Abzweige und Deichauffahrten. Hinter km 3,2 geht's auf gut befahrenen Betonplatten weiter, bis Ihr bei km 4,6 auf eine Gabelung zurollt. Die Betonplatten enden hier und Ihr biegt auf gut asphaltiertem Wege nach rechts auf die Straße „Am Alten Deich". Nach einem kurzen Stück wird der Belag unter Euch für ca. 400 m etwas schlechter. Ihr rollt über eine kleine Holzbrücke und 100 m weiter stoßt Ihr bei km 5,4 dann auf eine Kreuzung. Ihr müßt nach links Richtung Deich abbiegen. Bei km 6,1 gelangt Ihr an eine T-Kreuzung und wieder geht es nach links. Der Straßenverlauf führt Euch auf Betonplatten an eine Gabelung, die Ihr vom Hinweg schon kennt, also an der Gabelung bei km 7,4 immer geradeaus am Deich entlang.

START
HOTEL
DORUMER NEUFELD
NORDSEE
NATIONALPARK NIEDERSÄCHSISCHES WATTENMEER
WINDPARK CUXHAVEN
HAUS UNNERM SIEL
CAPPEL-NEUFELD
REITERHOF
KUTTERHAFEN
SPIEKA-NEUFELD
KRABBEN UND FISCH
NACH CUXHAVEN
27 NORDHOLZ
27 DORUM
1 AM SEEIDEICH
2 DEICHVERTEIDIGUNGSWEG
0,5KM 1,0KM 1,5KM
S N

TOUR NR. 12
VON DORUMER- NACH SPIEKA-NEUFELD
15,2 KM / EINSTEIGER-GEEIGNET

LAGE:
Nordwestlich von Bremerhaven.

ANFAHRT:
Ihr verlaßt Bremen auf der A 27. Hinter Bremerhaven nehmt Ihr die Abfahrt Neuenwalde. Es geht weiter Richtung Dorum. Dort angekommen geht es am Abzweig nach rechts, den Schildern Richtung Midlum folgend. Bald darauf fahrt Ihr nach links Richtung Dorumer Neufeld/ Freizeitanlagen/Strand. In Dorumer Neufeld folgt Ihr der Straße durch den Ort, noch vor dem Deich biegt Ihr links ab und parkt auf dem Parkplatz der Straße „Am Seedeich".

STRECKENCHARAKTER:
Die Qualität des Belages ist von Anfang bis Ende recht gut. Mit Ausnahme der Deichüberquerung fast am Wendepunkt ist die Strecke durchgängig eben. Anfänger mit noch unsicherer Bremstechnik sollten auf dem Deich besser abschnallen und zu Fuß über die Treppen zum Kutterhafen spazieren. Ihr rollt über wenig befahrene öffentliche Straßen und habt immer den Deich im Blickfeld.

SPECIALS:
Verhungern wird auf dieser Tour niemand Eine Gastro liegt bei km 2,4 und bei km 6,5 in Spieka-Neufeld findet Ihr weitere Einkehrmöglichkeiten. Dort solltet Ihr Euch vor dem Rückweg nicht die frischen Krabben entgehen lassen. Außerdem gibt es eine Krabbenpulmaschine zu besichtigen.

TIP:
Eine Tour für alle, die es am Wochenende an die Küste zieht. Natürlich zieht es auch andere Besucher auf die landschaftlich schönen Wege, nicht zu reden von den zahlreichen Badegästen samt parkenden Pkw's. Das kann den fließenden Ausflug auf Rollen vor allem an sonnigen Wochenenden schon erschweren. Dann heißt es: Stop and go! Zwischendurch finden sich einige Gelegenheiten, einen Blick über den Deich zu werfen. Aber Achtung, nicht alle Wege sind gut asphaltiert.

BESCHREIBUNG:
Von der Ausfahrt des Parkplatzes aus skatet Ihr auf dem Fußweg nach rechts. 200 m weiter erreicht Ihr einen Kreisverkehr, den Ihr geradeaus passiert. In einer Links-Rechts-Kombination rollt Ihr an einem Hotel vorbei. Nach insgesamt 900 m gibt es keinen Fußweg mehr, Ihr skatet jetzt auf öffentlicher Straße. Zwar ist sie nur wenig befahren und die Autos rollen langsam, aber trotzdem ist erhöhte Aufmerksamkeit und Rücksicht angesagt. Die Tour führt Euch immer geradeaus nach Norden. Ihr passiert zwei Deichauffahrten linkerhand, bei km 2,4 liegt dann rechts von Euch die erste Gastro „Hus unnerm Siel". Auch an der Kreuzung in Cappel-Neufeld rollt Ihr geradeaus durch das Örtchen gen Norden. 500 m weiter folgt rechts ein Reiterhof. Immer wieder führen Wege nach links auf den Deich, die Ihr einfach ignoriert. Ihr rolle-rolle-rollt und seid nach 6 km in Spieka-Neufeld angekommen. Dort liegt rechts bei km 6,5 die zweite Gastro „Zum Leuchtturm". Schräg gegenüber der Gastro skatet Ihr nun über den Deich und dahinter durch eine 180° Rechtskurve. Die Strecke führt Euch zum idyllischen Kutterhafen, zum Badestrand sowie zur Info-Tafel des Nationalparks Niedersächsisches Wattenmeer. Wer mag, kann noch eine Runde schwimmen, alle anderen skaten auf gleicher Strecke zurück.

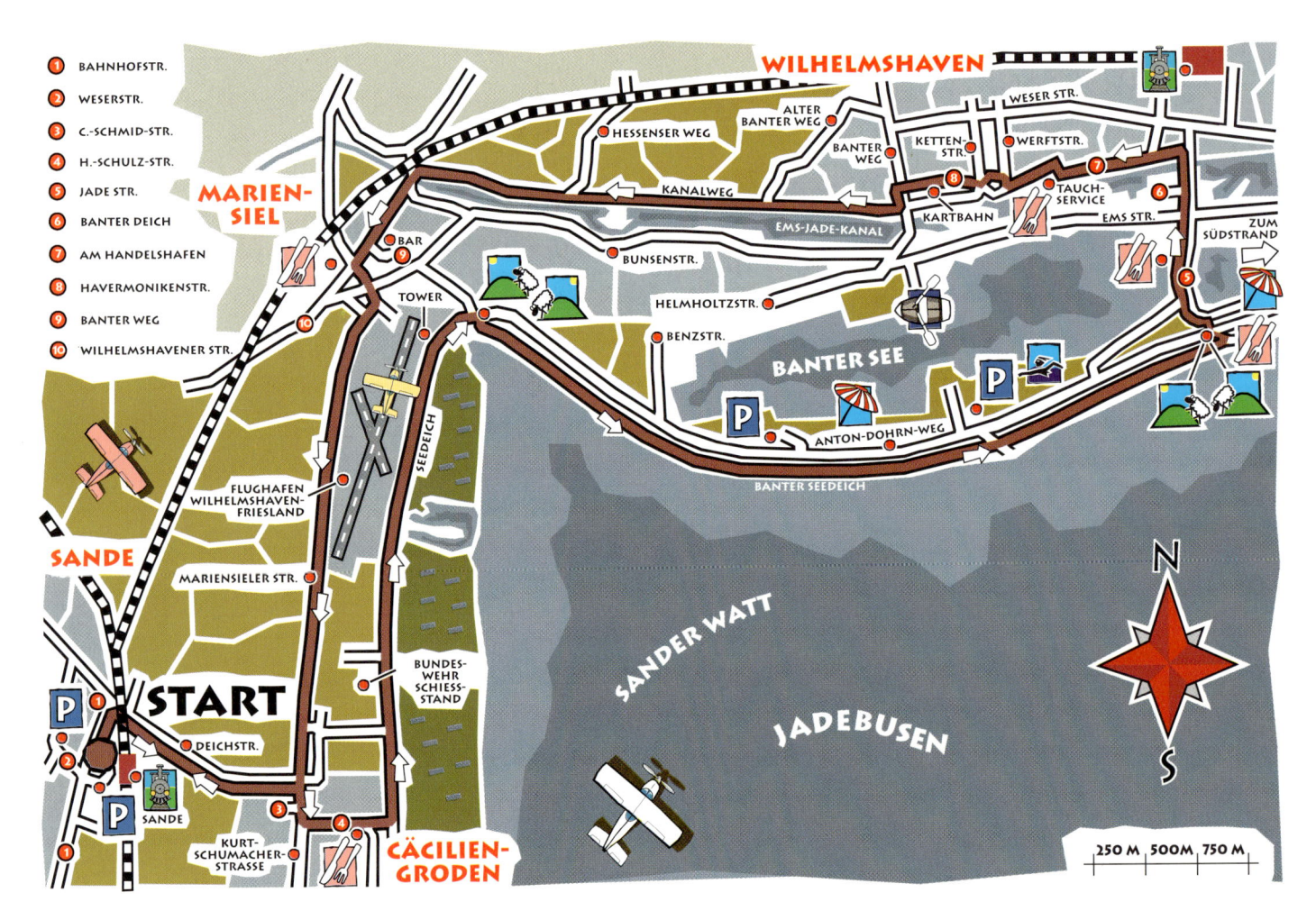

1. BAHNHOFSTR.
2. WESERSTR.
3. C.-SCHMID-STR.
4. H.-SCHULZ-STR.
5. JADE STR.
6. BANTER DEICH
7. AM HANDELSHAFEN
8. HAVERMONIKENSTR.
9. BANTER WEG
10. WILHELMSHAVENER STR.

WILHELMSHAVEN

MARIEN-SIEL

ALTER BANTER WEG
HESSENSER WEG
KANALWEG
BANTER WEG
KETTEN-STR.
WESER STR.
WERFTSTR.
EMS-JADE-KANAL
KARTBAHN
TAUCH-SERVICE
EMS STR.
ZUM SÜDSTRAND
BUNSENSTR.
HELMHOLTZSTR.
BENZSTR.
BANTER SEE
BAR
TOWER
ANTON-DOHRN-WEG
BANTER SEEDEICH

SANDE

FLUGHAFEN WILHELMSHAVEN-FRIESLAND
SEEDEICH
MARIENSIELER STR.
BUNDESWEHR SCHIESS-STAND

SANDER WATT

JADEBUSEN

START
DEICHSTR.
SANDE
KURT-SCHUMACHER-STRASSE
CÄCILIEN-GRODEN

N / S

250 M 500 M 750 M

60

TOUR NR. 13
UM DEN BANTER SEE
19 KM / EINGESCHRÄNKT EINSTEIGER-GEEIGNET

LAGE:
Im Süden von Wilhelmshaven. Es geht im großen Bogen um den Banter See.

ANFAHRT:
Ihr fahrt über die A 29 Richtung Norden. Verlaßt diese noch vor Wilhelmshaven an der Ausfahrt Nr. 6 Richtung Sande. Etwa 1 km weiter fahrt ihr an der Kreuzung geradeaus über die stark befahrene L 815, an der nächsten Gabelung geht es rechts zu den Parkplätzen am Bahnhof. Alternativparkplätze gibt es an der Disco, Ihr müßt dann über den Fußweg zum Startpunkt.

STRECKENCHARAKTER:
50% Asphalt, 40% Betonplatten, Rest Verbundsteinpflaster. Ihr skatet auf Rad- und Fußwegen und auf wenig befahrenen Kfz-Straßen. Es gibt leichte Steigungen und Gefälle bei den Deichüberquerungen.

SPECIALS:
Ein Abstecher zum Südstrand lohnt sich, dort findet sich auch Kulinarisches. Einige Gastros liegen auch direkt an der Strecke. Skatet Ihr bei km 10,2 geradeaus anstatt links, gelangt Ihr in die Stadtmitte (Straßenschuhe mitnehmen). Indoor-Kartbahn am Wegesrand.

TIP:
Insgesamt ist die Tour sehr bunt gemischt. Bis km 9 gibt es viel Wasser und Wattenmeer zu sehen. Wer mit der Familie unterwegs ist oder zu den blutigen Anfängern zählt, dem raten wir, am Südstrand kehrt zu machen, denn die Streckenführung wird ab dort komplizierter und der Verkehr nimmt zu.

BESCHREIBUNG:
Vom Parkplatz aus skatet Ihr nach rechts auf dem gepflasterten Fußweg entlang der Bahnhofstraße. An der T-Kreuzung rollt Ihr nach rechts in die Deichstraße (Vorsicht: Bahngeleise). Hinter dem Ortsausgang von „Cäciliengroden" skatet Ihr bei km 1,3 durch eine Rechtskurve, knapp 300 m weiter müßt Ihr links in die H.-Schulz-Straße einbiegen. Auf dem Fußweg der rechten oder linken Straßenseite rollt Ihr Richtung Deich und Dorfgemeinschaftshaus. Bevor Ihr bei km 2 geradeaus in eine Sackgasse rollt, liegt rechts die erste Gastro „Zur Grodensiele". Dann geht es hinter der Absperrung nach links. Unter Euch habt Ihr jetzt für die nächsten 7 km Betonplatten, die aber gut zu befahren sind. Bleibt auf diesem Weg, dann habt Ihr bald die Bundeswehrschießbahn links von Euch und nach 800 m die Landebahnen des Flugplatzes. Bei km 4,3 liegt links der Tower und Ihr skatet durch eine Rechtskurve. Nach 400 m müßt Ihr an der x-förmigen Kreuzung nach rechts, um mit einer leichten Steigung und anschließendem Gefälle den Deich zu überqueren. Rechts von Euch liegt das Wattenmeer. Durch eine Absperrung hindurch geht es weiter bis km 9. Geradeaus ist ein Abstecher zum Südstrand möglich. Für Euch geht es aber am Abzweig schräg nach links den Deich hinauf. Dann rollt Ihr den Deich geradeaus über ein Gefälle hinunter. Unten dann die Straße überqueren und auf dem Fußweg nach rechts bis zur T-Kreuzung, dort nach links durch eine Rechtskurve. Ihr skatet auf der linken Seite der Jadestraße. Links liegt bei km 9,7 die Gastro „Banter Ruine". Direkt hinter der Brücke biegt Ihr links ab auf den Weg „Am Handelshafen" und folgt der Ausschilderung „Ems-Jade-Wanderweg". Ihr rollt in einer Rechts-Links-Kombination um das Tauch- und Hafenservice-Gebäude. An der folgenden Kreuzung rollt Ihr nach rechts über Geleise und sofort wieder links in die Havermonikenstraße. Links liegt bei km 11,7 eine Indoor-Kartbahn. Nach 100 m müßt Ihr zunächst den Banter Weg überqueren und diesem dann auf einem Fußweg nach links folgen. Noch vor dem Kanalbecken geht es rechts auf die Anliegerstraße „Kanalweg". Stoßt Ihr bei km 14,5 auf eine T-Kreuzung, skatet Ihr nach links und über die Brücke. In der folgenden Linkskurve dann die Straße überqueren, durch die Absperrung und weiter entlang der Wilhelmshavener Straße. Hinter einer Bar überquert Ihr geradeaus den Banter Weg. 100 m weiter (rechts Gastro „Altes Siel") biegt Ihr links ab und skatet auf dem Fußweg der rechten Seite. Die Hauptstraße überqueren, weiter Richtung Flugplatz. An der nächsten Möglichkeit in die Mariensieler Straße. Nach 70 m endet der Rad- und Fußweg, für Euch geht es bis km 17,7 auf öffentlicher aber ruhiger Straße weiter. Ihr überquert die Deichstraße und rollt über den Rad- und Fußweg auf bekannter Strecke zum Bahnhof zurück.

WILH.-RÜSTER-SIEL
29
FLUTSTR.
FRIESENDAMM
FRIESENDAMM
NIEDERSACHSENDAMM
POSENER STR.
AM TIEFEN FAHRWASSER
GENIUSDEICH
ANSCHLUSS AN TOUR NR. 15
START
P
RÜSTERSIELER GRODEN
NEUER RÜSTERSIELER SEEDEICH
NEUER RÜSTERSIELER SEEDEICH
ZUM KRAFTWERK
KRAFTWERK
MAADE
MAADE-SCHLEUSE
GENIUSSTRAND
NIEDERSACHSENBRÜCKE
NORDSEE
JADE
S
N
200 M
400 M
600 M

TOUR NR. 14
VOM GENIUSSTRAND ZUR MAADESCHLEUSE
7,4 ODER 9,4 KM / EINSTEIGER-GEEIGNET

LAGE:
Im Norden von Wilhelmshaven an der Jade.

ANFAHRT:
Ihr fahrt über die A 29 Richtung Norden. An Wilhelmshaven vorbei fahrt Ihr auf der A 29 bis zu ihrem Ende und folgt dann dem Niedersachsendamm Richtung „Voslapper Groden" geradeaus. Es geht über eine Kreuzung hinweg weiter, bis geradeaus die Straße gesperrt ist. Dort geht's durch eine Kurve nach links in die Straße „Am tiefen Fahrwasser". An der nächsten Kreuzung nach rechts und sofort rechts an der Straße einen markierten Parkplatz suchen, einparken und los geht's!

STRECKENCHARAKTER:
Auf dieser Hin- und Retour-Strecke skatet Ihr größtenteils über die Betonplatten der Uferpromenade. 200 m skatet Ihr auf einem Rad- und Fußweg. Wer den Abstecher am Wendepunkt (zusätzlich 2 km) noch mitnimmt, ist auf einer sehr gut asphaltierten und wenig befahrenen öffentlicher Straße unterwegs. Außer den Treppen am Deich und einer sanften Steigung an der Maadeschleuse ist die Tour eben.

SPECIALS:
Nach der Tour bietet sich ein nettes Picknick am Strand an, also den gefüllten Proviant-Rucksack und die Badesachen nicht vergessen. Nur etwa 200 m vom Startpunkt entfernt liegt ein Badestrand, ein Minigolfplatz ist ebenfalls in der Nähe.

TIP:
Ungewöhnliche Mix-Tour zwischen Strand, Deich, Meer und Industrielandschaft. Das Kraftwerk stört das Landschaftsbild gewaltig, scheint aber niemanden davon abzuhalten, auf der Promenade zu flanieren, denn dort ist immer viel los. Ab und zu trainieren Street-Skater ihre Tricks an den Treppen, die zum Deich hinauf führen. Anschluß an Tour Nr. 15 möglich.

BESCHREIBUNG:
Ihr skatet von Eurem Parkplatz auf dem Rad- und Fußweg der rechten Straßenseite entlang der Posener Straße zur Kreuzung und überquert die Straße „Am tiefen Fahrwasser". Danach geht es rechts Richtung Deich. Vor dem Deich überquert Ihr erneut die Straße und steuert auf den Leuchtturm zu. Nach links führen Euch dann Treppen über den Deich. Wer noch unsicher auf den Rollen ist, sollte die Skates hier besser abschnallen! Auf der anderen Deichseite haltet Euch rechts. Ihr skatet schon bald unter der Niedersachsenbrücke hindurch. Hinter der Brücke hat der Asphalt unter Euch über die Länge von ca. 200 m leider einige Schäden, also zwischendurch den Blick auch nach unten richten. Ihr rollt immer geradeaus und parallel zum Deich. Bei km 2,6 liegt rechts von Euch das Kraftwerk. Dahinter rollt Ihr nach 400 m durch eine Rechtskurve um das Kraftwerk herum. Am folgenden Abzweig geht's nach rechts, denn geradeaus ist der Weg gesperrt. Dann biegt Ihr sofort scharf links zur Maadeschleuse ab, es geht leicht bergauf. Nach 300 m habt Ihr die Schleuse und den Wendepunkt dieser Tour erreicht. Es geht auf gleichem Weg zurück zum Parkplatz. Wer allerdings noch Lust auf weitere 2 km hat, der rollt die 300 m bis zur Gabelung zurück und skatet dann links auf die Straße „Zum Kraftwerk". Dieser kleine Abstecher endet dann noch vor der Rechtskurve.

0,5KM
1,0KM
1,5KM
FEDDER-WARDER-GRODEN
VOSLAPP
HOOKSIEL
NORDSEE
RICHTUNG
29
POSENER STR.
FLUTSTR.
RAFFINERIE
LEICHTE STEIGUNG
P
START
GENIUSDEICH
AM TIEFEN FAHRWASSER
NIEDERSACHSENDAMM
ÖLHAFEN
ACHTUNG! ROHRLEITUNGEN!
JADE
GENIUSSTRAND
NIEDERSACHSEN-BRÜCKE
ANSCHLUSS AN TOUR NR. 14
S
N

TOUR NR. 15
VOM GENIUSSTRAND RICHTUNG NORDEN
20 KM / EINSTEIGER-GEEIGNET

LAGE:
Nördlich von Wilhelmshaven am Niedersächsischen Wattenmeer. Sie führt Richtung Norden nach Hooksiel.

ANFAHRT:
Ihr fahrt über die A 29 Richtung Norden an Wilhelmshaven vorbei bis zu ihrem Ende und folgt dann dem Niedersachsendamm Richtung „Voslapper Groden" geradeaus. Es geht über eine Kreuzung hinweg weiter, bis die Straße gesperrt ist. Dort geht's durch eine Kurve nach links in die Straße „Am tiefen Fahrwasser". An der nächsten Kreuzung nach rechts und sofort rechts der Straße einen markierten Parkplatz suchen, einparken und los geht's!

STRECKENCHARAKTER:
Steigungen, bzw. Gefälle gibt es nur an den Deichüberquerungen. Ihr skatet 19,2 km über Betonplatten, 600 m über Pflaster, die restlichen 200 m sind asphaltiert. Ihr seid auf Rad- und Fußwegen unterwegs, nur zu Beginn der Tour kommt Ihr kurz mit dem öffentlichen Kfz-Verkehr in Berührung.

SPECIALS:
Am Wendepunkt liegt eine Imbißbude, ein Kiosk und die Gaststätte „Zum Strandpiraten". Einen Badestrand findet Ihr am Startpunkt und kurz vor dem Wendepunkt.

TIP:
Landschaftlich sehr schöne Strecke. Auf einer Seite befindet sich der Deich und auf der anderen Seite liegt das Niedersächsische Wattenmeer. Reizvoll sind natürlich auch die Badestrände, deshalb ist die Strecke auch an ihrem Anfang und am Wendepunkt etwas stärker frequentiert. Ansonsten ist es aber eine eher ruhige Tour. Wer nach den 20 km noch nicht genug hat, kann vom Parkplatz aus auch die Tour Nr. 14 beginnen.

BESCHREIBUNG:
Zunächst überquert Ihr vom Parkplatz aus die Posener Straße und folgt dem Radweg bis zur Kreuzung. Dann die Straße „Am tiefen Fahrwasser" überqueren und auf dem Rad- und Fußweg nach rechts Richtung Deich. Euer Weg mündet auf eine Straße. Es geht ein kurzes Stück nach rechts, dann müßt Ihr über die öffentliche Straße durch die Deichdurchfahrt rollen. Direkt dahinter die Straße nach rechts überqueren und sich dann für die angenehmere Art der Deichüberquerung entscheiden: Treppe oder Weg? Auf der anderen Seite des Deiches haltet Ihr Euch links und skatet über Betonplatten. Nach insgesamt 600 m rollt Ihr durch ein Tor. Nach einem Kilometer kreuzen dann Rohrleitungen Euren Weg. Rollt auf den Rampen darüber hinweg. Nach ca. einem weiteren Kilometer geht es nochmals durch ein Tor, bei km 4,3 und bei km 6,5 skatet Ihr dann unter Rohrleitungsstegen hindurch. Immer geradeaus, bis Ihr bei km 7,7 durch ein Tor auf das Hafengelände trefft. Dahinter müßt Ihr Euch links halten. Hinter einer leichten Steigung rollt Ihr auf eine T-Kreuzung, dort rechts abbiegen. Ihr skatet auf dem Fußweg und rollt hinter der Wasserschleuse an der nächsten Möglichkeit nach rechts über den Hafenparkplatz bis zum Ende der Mole. Ihr habt für etwa 300 m Pflaster unter Euch. Am Ende der Mole geht es über Betonplatten in einem starken Knick nach links parallel zum Wattenmeer weiter. Auf dem nächsten Kilometer warten eine Imbissbude, ein Kiosk, ein Badestrand und eine Gastro („Zum Strandpiraten") auf Euch. Hinter der Gastro bei km 10 endet die Tour. Entweder Ihr skatet auf gleicher Strecke zurück oder Ihr gönnt Euch vor dem Rückweg noch eine kleine Stärkung mit einem Päuschen am Strand.

TUI FreeWorld — Schöne Ferien!

SPEED-WEEKS AUF MALLORCA

Beim Speed-Skaten kommt es auf Technik, Ausdauer und die richtige Koordination an. Geübte Speed-Skater können es beim Tempo mit jedem Radrennfahrer aufnehmen, sie erreichen Spitzengeschwindigkeiten von bis zu 50 km/h in der Ebene. Solch imposante Werte werden unter anderem deshalb möglich, weil die Fahrwerkstechnik von Speed-Skates ganz und gar auf Schnelligkeit ausgelegt ist.

Nicht nur für Sprint-, auch für Langstrecken sind Speed-Skates optimal geeignet. Der aktuelle Marathon-Weltrekord (42,195 km) liegt bei 1:00,43 Std, was einem Durchschnitt von über 40 km/h entspricht. Doch auch Freizeit-Tourenskater würden die großen Vorteile der Fünfroller schnell entdecken, hätten sie nur die Möglichkeit, sie einmal auszuprobieren.

Da Speed-Skates in der Regel sehr teuer sind (ca. 600 bis 1.500 DM) und ein Verleih nicht existiert, können nur Wenige in den Genuß kommen, ihre Hausstrecke einmal auf Speed-Skates zu absolvieren. Besonders interessant deshalb das Angebot von TUI *Free*World, in sechs einwöchigen Trainingscamps auf Mallorca eine Einführung in den schnellen Sport zu erhalten. Mit Roland Klöß, bis 1998 Speed-Skating-Bundestrainer, und dem international erfolgreichen Marathon-Speedie Sebastian Baumgartner stehen zwei Instruktoren der Extraklasse bereit, um alle Kursteilnehmer in die Geheimnisse des Speed-Skatens einzuweihen. Die Skates für das Camp werden von ROCES zur Verfügung gestellt und können nach Kursende für einen Sonderpreis mitgenommen werden. Für alle ambitionierten Freizeit-Skater eine optimale Möglichkeit, unter südlicher Sonne in eine neue Skate-Dimension vorzustoßen.

Wer sich für die Speed-Weeks interessiert, findet rechts in dem Kasten die nötigen Infos.

SPEED-WEEK INFO

Inhalte: Ausdauertraining, Technikschulung, ausgedehnte Ausfahrten, Videoanalysen, individuelle Betreuung, Kursleitung durch die Speed-Skating-Profis Roland Klöß und Sebastian Baumgartner

Dauer: 1 Woche

Termine 1999: 03.- 09. Juli, 10.-16. Juli, 17.-23. Juli, 24.-30. Juli, 31. Juli- 06. August, 07.-13. August, Termine für 2000 sind in Planung, bitte im Reisebüro erfragen

Teilnehmerzahl: min. 6, max. 20

Voraussetzung: gutes und sicheres Fahren auf Fitness-Skates, gute Grundkondition

Eingeschlossene Leistungen: 15 Trainingseinheiten (insg. ca. 28-30 Std.), Bereitstellung von ROCES-Speed-Skates CDG Paris incl. Schutzausrüstung, schriftliche Unterlagen zu optimaler Technik und Trainingsplanung, Begleitfahrzeug, ein ROCES / TUI *Free*World T-Shirt, Unfall- / Haftpflichtversicherung

Nicht eingeschlossene Leistungen: Unterkunft und Verpflegung während der Speed Week im TUI *Free*World Sunclub Picafort

Preis: 199 DM pro Person / Woche

Info: in jedem TUI Reisebüro oder unter www.freeworld.de